Veranstaltungsrichtlinien

Reihe Messe-, Kongress- und Eventmanagement

Stefan Luppold (Hrsg.)

Gerhard Bleile | Cornelius Philipp Blei

Veranstaltungsrichtlinien

Voraussetzungen für erfolgreiche Events

2., überarb. u. erw. Auflage

Verlag Wissenschaft & Praxis

Bibliografische Information der Deutschen Nationalbibliothek
Die Deutsche Nationalbibliothek verzeichnet diese Publikation in der Deutschen Nationalbibliografie; detaillierte bibliografische Daten sind im Internet über http://dnb.dnb.de abrufbar.

ISBN 978-3-89673-638-3

© Verlag Wissenschaft & Praxis
Dr. Brauner GmbH 2013
Nußbaumweg 6, D-75447 Sternenfels
Tel. +49 7045 930093 Fax +49 7045 930094
verlagwp@t-online.de www.verlagwp.de
Druck und Bindung: Esser Druck GmbH, Bretten

Alle Rechte vorbehalten

Das Werk einschließlich aller seiner Teile ist urheberrechtlich geschützt. Jede Verwertung außerhalb der engen Grenzen des Urheberrechtsgesetzes ist ohne Zustimmung des Verlages unzulässig und strafbar. Das gilt insbesondere für Vervielfältigungen, Übersetzungen, Mikroverfilmungen und die Einspeicherung und Verarbeitung in elektronischen Systemen.

Vorwort des Herausgebers

Blicken wir auf die Monate zurück, die seit Erscheinen dieses Fachbuchs in einer ersten Auflage vergangen sind, dann stellen wir eine Bedeutungszunahme des Themas fest – gerade so, als hätten die Autoren Bleile und Blei den richtigen Zeitpunkt für die Publikation ihres Bandes vorhergesehen.

Das Eine bedingt das Andere. Möglicherweise wurde durch die Präsentation von „Veranstaltungsrichtlinien – Voraussetzungen für erfolgreiche Events" bei einigen Unternehmen und Verbänden ein Prozess der internen Diskussion in Gang gesetzt. Andere hatten bereits Handlungsbedarf erkannt und mit Veränderungen begonnen – und das Fachwissen der beiden Experten dabei mit herangezogen.

Sicher ist, dass die Bedeutung von Veranstaltungen im operativen Handeln wie in der strategischen Ausrichtung tendenziell zunehmen wird. Damit einher geht die Forderung nach Regeln, Richtlinien, Prozessen. Ein Handlungsrahmen muss Wünsche und Ziele mit den Bestimmungsfaktoren Zeit, Kosten und Erfolg fassbar machen.

Umso erfreulicher ist es, dass dieses Fachbuch sehr frühzeitig in einer zweiten Auflage erscheint. Der aktualisierte und erweiterte Inhalt liefert nun ein Praxisbeispiel, das sowohl aus der Beschreibung einer Software gestützten Veranstaltungsmanagement-Lösung als auch der zugehörigen Nutzungs-Beschreibung besteht.

Das Eine bedingt das Andere. Vielfach wurden, nach eingehenden Prozess-Analysen und Optimierungs-Überlegungen, Systeme geschaffen, die Abläufe unterstützen, ihnen dabei auch, auf ein Regelwerk gestützt, einen Rahmen geben. Wir kennen das aus dem Bereich „Travel Management" und wissen von den positiven Effekten.

Ähnliches dürfen wir von Veranstaltungsmanagement-Software erwarten. Workflow determiniert Tool, die gewünschten Richtlinien fließen in das Lastenheft für ein IT-gestütztes Werkzeug ein. Aber auch vice versa können wir denken; die Einführung einer Standard-Software erfordert ein kritisches Durchleuchten der bestehenden Prozesse, ein – im wirklichen Wort-Sinn – Hinterlegen von Bedingungen für die Abläufe sowie im besten Fall die vollständige Übernahmen von im Standard gelieferten Funktionalitäten und Erfahrungswerten Dritter.

Ich freue mich darüber, dass dem wichtigen Thema „Veranstaltungs-Richtlinien" mit dieser zweiten Auflage eine gute theoretische wie praktische Grundlage gewidmet wird und bedanke mich bei den Autoren dafür, dass sie relevantes Neues eingebracht haben.

Prof. Stefan Luppold
IMKEM (Institut für Messe-, Kongress- und Eventmanagement)

Vorwort des Herausgebers zur 1. Auflage

Die Zunahme an Unternehmensveranstaltungen in den vergangenen Jahren ging einher mit einer umfangreicheren Allokation von Ressourcen. Zeit und Geld wurden und werden investiert, um mit Hilfe direkter (Wirtschafts-)Kommunikation erfolgreich zu sein. Dabei stellen wir fest, dass mit zunehmender Komplexität der Aufgabenstellung auch die Bedeutung der Veranstaltungen für den strategischen Erfolg wächst. Immer mehr interne Bereiche und externe Dienstleister sind in die Planungs-, Realisierungs- und Evaluationsprozesse mit eingebunden.

Von der Einführung neuer Produkte oder der Erschließung weiterer Märkte bis hin zu Know-how-Transfer oder Innovationsmanagement – Messen, Kongresse und Events bedürfen eines organisierten Rahmens, der als Fundament des Veranstaltungsmanagements dient. Kritiker sehen hier einen Verlust an Kreativität, eine Einengung des Handelns „wahrer Event-Schaffender". Allerdings zu unrecht. Ein klar definiertes Umfeld – mit Blick auf Ziele, Budgets, Zuständigkeiten, Fristen und Abläufe – ermöglicht erst die Freiheit zur Konzeption. Und unterstreicht die Wertigkeit von Veranstaltungen für das Unternehmen, ist Risikomanagement und Visionspfeiler in einem. Erfolgs-Abhängigkeit ist auch Erfolgs-Chance und fordert Strukturen.

Das vorliegende Fachbuch schließt eine Lücke. Wie, wo und weshalb wir Veranstaltungen planen und durchführen, wurde in Publikationen bereits unfangreich diskutiert und bedarf lediglich laufender Aktualisierungen. Wie man jedoch das – zufällig oder gezielt – gewachsene Volumen an Corporate Events, an Unternehmens-Veranstaltungen, mit Hilfe von spezifischen Richtlinien strukturiert und systematisiert, dadurch Abläufe optimiert und insgesamt für mehr Transparenz sorgt, das wurde bislang nicht zusammengefasst vorgestellt. Insofern leistet das Autoren-Duo Bleile und Blei einen wichtigen Beitrag, der bei der Implementation von Veranstaltungs-Richtlinien im Unternehmen helfen kann, mindestens jedoch Anregungen für entsprechende Überlegungen liefert und so Prozesse in Gang setzen kann, die am Ende ein qualitatives Plus im Veranstaltungs-Management schafft.

Prof. Stefan Luppold
IMKEM (Institut für Messe-, Kongress- und Eventmanagement)

Vorwort

Kongresse, Tagungen und Events sind ein wichtiger Wirtschaftsfaktor mit Zukunftsperspektive. Deutschland steht hier als zweitgrößter Kongressmarkt der Welt im Fokus: Alleine in Deutschland finden jährlich rund 2,5 Millionen Veranstaltungen mit über 300 Millionen Teilnehmern statt.

Tagungen und Events sind im Marketing-Mix von Unternehmen und Verbänden unverzichtbar, denn Live-Kommunikation ist ein wichtiges Instrument zur Kunden- und Mitarbeiterbindung, Steigerung der Reputation und Markenbildung aber vor allem ermöglichen Veranstaltungen einen nachhaltigen Informations- und Wissenstransfer.

Jedoch wird die Komplexität der Organisation von Veranstaltungen oftmals unterschätzt. So sind über einen längeren Zeitraum personelle Ressourcen notwendig, Planungsinstrumente zur Budgetierung sowie Aufgabenplanung werden benötigt und infrastrukturelle Voraussetzungen zur Abwicklung müssen gegeben sein. Um eine Veranstaltung zum Erfolg werden zu lassen, ist eine professionelle Organisation notwendig. Hierbei hilft insbesondere die Etablierung von Veranstaltungsrichtlinien im Unternehmen.

Der Inhalt dieses Fachbuches zeigt von den theoretischen Grundlagen über die praktische Handhabung bis hin zu den wichtigen Schritten die Einführung und Umsetzung einer Veranstaltungsrichtlinie. Mit der Installation einer Veranstaltungsrichtlinie schaffen Sie die Basis für ein transparentes und effizientes Veranstaltungsmanagement.

Veranstaltungsrichtlinien – die Lösung für ein konfliktfreies und erfolgreiches Arbeiten.

Matthias Schultze
Geschäftsführer, GCB German Convention Bureau e.V.

Inhaltsverzeichnis

Vorwort des Herausgebers 5
Vorwort 8
Abbildungsverzeichnis 11
Tabellenverzeichnis 12
Abkürzungsverzeichnis 13
1 Einleitung 15
2 Eventmanagement und Controlling von Events 17
    2.1 Eventbegriff 17
    2.2 Definition und Intention von Eventmanagement 18
    2.3 Sicherung der Ziele der Veranstaltung 21
    2.4 Sicherung eines Kosten-Nutzen-Controllings 24
    2.5 Exkurs: AirPlus Meeting Solution 27
3 Führen nach Richtlinien und Compliance 33
    3.1 Führen nach Richtlinien 33
    3.2 Compliance-Management 34
    3.3 Compliance im Einkauf 36
    3.4 Prozess beim Einkauf von Dienstleistern 36
    3.5 Besondere Risiken im Bereich des Einkaufs am Beispiel der kartellrechtlichen Compliance 37
    3.6 Implementierung eines Corporate-Compliance-Systems 38
4 Rolle von Richtlinien im Veranstaltungsmanagement ... 41
    4.1 Ziele und Zielgruppen der Veranstaltungsrichtlinie ... 41
    4.2 Make or Buy 42
    4.3 Charakterisierung von Make-or-Buy-Entscheidungen ... 43
    4.4 Ausschreibungen 45
    4.5 Vor- und Nachteile bei der Zusammenarbeit mit Leistungsträgern 47

4.6	Maverick Buying	48
4.7	Ursachen für Maverick Buying	49

5 Nachhaltigkeit **51**
    5.1 Ökologische Nachhaltigkeit im Veranstaltungsmanagement.. 51
    5.2 Dimension der Nachhaltigkeit 53
    5.3 Umsetzung der Nachhaltigkeit 54

6 Erstellung einer Veranstaltungsrichtlinie in der Praxis **57**
    6.1 Bisherige Situation 57
    6.2 Wertschöpfungspotenziale 71
    6.3 Vorgehensweise zur Einrichtung von Veranstaltungsrichtlinien 72
    6.4 Erstellung einer Lieferantenliste 73
    6.5 Lieferantenmanagement und Lieferantenauswahl 74
    6.6 Controlling 75

7 Gefahren der Steuerung des Eventmanagements durch Richtlinien **77**

8 Erfolgsfaktoren für die Erarbeitung von Richtlinien **79**

9 Fazit **81**

10 Exkurs: Richtlinien zur Nachhaltigkeit im Eventmanagement **85**

Glossar **93**

Literaturverzeichnis **99**

Autoren/Herausgeber **101**

Nachtrag: Automatisiertes Event Management System am Beispiel von up2date solutions GmbH **102**

Erfolgsstory: Einführung eines automatisierten Event Management Systems am Praxisbeispiel der Endoscience Endokrinologie Service GmbH **112**

Abbildungsverzeichnis

Abbildung 1: Modell der Corporate Philosophie 23
Abbildung 2: Effektivitätsmodell (Soll – Ist) 26
Abbildung 3: Beteiligte Abteilungen 41
Abbildung 4: Inhouse (Make) 44
Abbildung 5: Outsourcing (Buy) 44
Abbildung 6: Üblicher Ablauf einer Ausschreibung 46
Abbildung 7: Vor- und Nachteile bei der Zusammenarbeit mit Leistungsträgern 47
Abbildung 8: Bestehende Normen 53
Abbildung 9: Phasen der Veranstaltungsplanung 59
Abbildung 10: Beispiel für eine Briefingcheckliste 61
Abbildung 11: Anordnung der Inszenierung von Veranstaltungen 78

Tabellenverzeichnis

Tabelle 1: Planungsphase... 63

Tabelle 2: Vorbereitungsphase... 65

Tabelle 3: Durchführungs- oder Realisierungsphase........................ 69

Tabelle 4: Nachbearbeitungsphase 71

Abkürzungsverzeichnis

ASTM	American Society for Testing and Materials
BDW	Bundesverband der Wirtschafts- und Gesellschaftskommunikation e.V.
BME	Bundesverband Materialwirtschaft, Einkauf und Logistik e.V.
BMU	Bundesumweltministerium
BSI	British Standard Institution
CC	Corporate Compliance
DOSB	Deutscher Olympischer Sportbund
EMAS	Eco-Management and Audit Scheme
ERP	Enterprise Resource Planning
EVVC	Europäischer Verband der Veranstaltungs-Centren e.V.
GCB	German Convention Bureau
ISO	International Organisation for Standardization
MB	Maverick Buying
MBQ	Maverick-Buying-Quote
RfP	Request for Proposal
UNEP	United Nations Environment Programme
USP	Unique Selling Proposition
VDR	Verband Deutsches Reisemanagement e.V.
w&v	Werben & Verkaufen (Fachmagazin)

1 Einleitung

Der nachfolgende Text befasst sich mit dem Thema „Veranstaltungsrichtlinien". Die Einführung von Richtlinien gilt als Lösung für ein konfliktfreies und erfolgreiches Arbeiten im Eventmanagement. Richtlinien sind notwendig, um in Unternehmen bei der Planung, Organisation und Durchführung von Veranstaltungen den Zuständigkeiten und Verantwortlichkeiten gerecht zu werden und um den Kostenblock „Veranstaltung" transparent und steuerbar zu gestalten. In der Vergangenheit haben Abteilungen und Mitarbeiter Gelder für Veranstaltungen aller Art auf verschiedene Weise ausgegeben, ohne dies zu dokumentieren und zu erfassen. So war dieser Kostenblock oft eine Grauzone und Ausgaben wurden nicht auf ihre Notwendigkeit geprüft. Veranstaltungsrichtlinien sollten nicht nur in wirtschaftlich schwierigen Zeiten eine große Rolle spielen, sondern von einem Unternehmen kontinuierlich im Rahmen des Eventmanagement durchgeführt werden. Dies begründet sich dadurch, dass der Event-Bereich in der Unternehmenslandschaft noch nicht vollständig erforscht und entwickelt ist. Es ist notwendig, Veranstaltungsrichtlinien zu erstellen, um eine klare Vorgehensweise des Eventmanagements zu definieren. Mit dieser Maßnahme werden Arbeitsabläufe präzisiert, um Zeit und Kosten zu sparen. Veranstaltungsrichtlinien werden jedoch bisher kaum von Unternehmen verwendet. Das Eventmanagement großer Unternehmen verlässt sich bisher auf langjährige Erfahrungswerte mit Dienstleistern und Agenturen. Erfahrung ist nach wie vor das A und O in dieser Branche, allerdings haben sich im Laufe der Jahre weniger die Veranstaltungen geändert als vielmehr das Umfeld. Es gibt heute mehr Möglichkeiten und Mittel Dinge zu tun.

Der Markt an Anbietern und Dienstleistern hat sich gefüllt, und es lohnt sich ihre Leistungsangebote zu vergleichen, um herauszufinden, welcher Weg der effektivste ist und ob er gleichzeitig die beste Preis-Leistung bietet.

Ziel dieser Ausführung ist es, die inhaltlichen Facetten der Veranstaltungsrichtlinien aufzuzeigen und zu erläutern, da bislang noch keine Texte zu diesem Thema veröffentlicht wurden. Der Inhalt dieses Buches soll als Orientierung dienen und kann nicht kompatibel auf alle Eventmanagement- Abteilungen angewendet werden, da die einzelnen Betriebsstrukturen, Eigenschaften und Bedürfnisse individuell sind und voneinander abweichen.

Am Anfang des Buches wird zunächst geklärt, was einen Event charakterisiert und welche Ziele damit verfolgt werden. In einem zweiten Schritt wird auf Kontroll- und Steuerungsmaßnahmen eingegangen und wie diese implementiert werden, bevor im nächsten Schritt auf die eigentliche Rolle von Richtlinien im Veranstaltungsmanagement eingegangen wird. Nachdem die Rolle von Richtlinien erläutert wurde, erfolgt eine praxisorientierte Darstellung zur Implementierung von Veranstaltungsrichtlinien. Anschließend wird auf die Gefahren der Steuerung des Eventmanagements durch Richtlinien hingewiesen. Die Erfolgsfaktoren für die Erarbeitung von Veranstaltungsrichtlinien beenden dieses Buch.

2 Eventmanagement und Controlling von Events

2.1 Eventbegriff

Der Begriff „Eventmarketing"[1] wurde erstmals 1984 verwendet und wurde zur damaligen Zeit als „Konzentration auf bestimmte Ereignisse im Laufe eines Werbejahres anstelle einer permanenten, vor sich hinplätschernden Kampagne" charakterisiert. Die bis heute am häufigsten zitierte Event – Definition stammt vom Bundesverband der Wirtschafts- und Gesellschaftskommunikation (BDW) aus dem Jahre 1993. Der BDW definiert Events über deren Reiz- und Aktivierungswirkung und spricht dabei zum ersten Mal von Inszenierung und Erlebnisorientierung.[2]

Es ist festzuhalten, dass man mit dem Begriff „Event" keine Eigenschaft beschreibt, die objektiv messbar ist. Vielmehr, dass der Charakter einer Veranstaltung oder eines Ereignisses subjektiv ist. Das Event entsteht im Kopf desjenigen, der es erlebt. Der Begriff „Event" bedeutet übersetzt „Ereignis".

Die folgenden Stichworte zeigen Aspekte auf, die ebenfalls zum Ereignischarakter beitragen:

- Einmaligkeit
- Erinnerungswert
- Aktivierung der Teilnehmer
- Zusatznutzen und Effekte für die Teilnehmer
- Planung, Gestaltung, Organisation und Inszenierung
- Verbindung von Eindrücken mit Symbolik
- Publikumsorientierung des Events

---

[1] In diesem Fall wird der Begriff Eventmarketing mit dem Begriff Event gleichgesetzt
[2] Vgl. Krähner 2009, S. 32

Der Begriff Event ist rein subjektiv. Der Grundnutzen „Veranstaltung" wird durch einen Zusatznutzen zum Event. Eine exakte Abgrenzung gibt es nicht. Anreise, Verpflegung, Umfeld und Abreise können in den Gesamteindruck des Events mit einbezogen werden.[3]

2.2 Definition und Intention von Eventmanagement

Sehr oft werden die Begriffe „Eventmarketing" und „Eventmanagement" synonym genutzt, auf eine Ebene gestellt und inhaltlich identisch definiert. Eventmanagement kann man als planendes, organisierendes, überwachendes und steuerndes Instrument bezeichnen, um den Event zu koordinieren.

Das Eventmarketing ist Kommunikationsinstrument des Marketings. Beim Eventmarketing werden Events geplant und organisiert mit dem Marketingziel, Produkte und Marken auf dem Markt bekannt zu machen und ihr Image, ihren Wert, den Vertrieb und den Verkauf zu fördern.

Beim Eventmanagement geht es gleichfalls um die Planung und Organisation von Events, wobei nicht nur Marketingziele, sondern auch unternehmens- und themenbezogene Ziele angesteuert werden, wie z. B. die Motivation der Mitarbeiter oder die Herstellung von Verständnis und Vertrauen gegenüber dem Unternehmen und seinen Produkten. Eventmanagement ist also der Oberbegriff, wenn es um die professionelle Planung und Organisation von Veranstaltungen geht.

Eventmanagement ist übergeordnet und koordiniert alle Bestandteile eines Events von der Planung über den eigentlichen Event bis zum Abschluss.

Der zusätzliche Nutzen muss mit den Mitteln der Kommunikation zielgruppengerecht dort platziert werden, wo es die meisten Betroffenen anspricht. Wenn die Idee genau definiert ist und diese in allen Bereichen genau mit den Zielen des Auftraggebers abgeglichen ist, beginnt die Planungsphase des Eventmanagers. Es gibt vier Phasen, die zu einem erfolgreichen Event führen. Dabei steht das oberste Ziel des

---

[3] Vgl. Holzbauer 2005, S. 23 ff

außergewöhnlichen Ereignisses und dessen Vermittlung an die Zielgruppe im Vordergrund.

Bezogen auf den Auftraggeber und dessen Marktposition wird das Konzept der Veranstaltung entwickelt. Dieser Konzeptplan ist grundlegend für alle weiteren organisatorischen Maßnahmen. Alle Aufgaben des bisherigen Eventmanagements müssen in den Kommunikations-Mix des Auftraggebers oder des Veranstalters integriert werden, um ein einheitliches Bild mit dem Event zu gewinnen. Nach der eigentlichen Realisierung der Veranstaltung erfolgt die Kontrolle aller Ergebnisse.

Um ein optimales Ergebnis zu erhalten, müssen die Ziele, die man verfolgt, permanent abgeglichen werden. Eine wechselnde Marktsituation und unerwartete Abweichungen während der einzelnen Phasen müssen beachtet werden.

Die vier Phasen des Eventmanagements sind:

- Planung
- Vorbereitung
- Durchführung
- Nachbereitung

Der Ursprung vom Management, das Veranstaltungen strukturiert und bis ins kleinste Detail plant, liegt in der Technologie, Forschung und Entwicklung technischer Geräte um diese perfekt inszeniert darzustellen und zu präsentieren. Da sich die Marktwirtschaft fortlaufend verändert, man aber trotzdem Leistungs-, Qualitäts- und Preisansprüche garantieren muss, erfordert diese Gewährleistung neue und effizientere Methoden in der Projektdurchführung in Form einer Veranstaltung. Aufgrund des verstärkten Wettbewerbs kommen ein meist immer vorhandener Kostendruck und die Beschleunigung der Innovationszyklen hinzu. Die Folge ist eine deutliche Verkürzung der Produktlebenszyklen, was bedeutet, dass ein Produkt schnell an Aktualität und Wert verliert, da das nachfolgende Produkt bereits wieder über neue Innovationen verfügt. Um Produkte qualitativ gut und zudem preiswert auf den Markt zu bringen, bedarf es des Führungskonzepts des Projektmanagements. Auf Dienstleistungen bezogen, kann ebenfalls, sofern es sich um die Entstehung eines Produktes aus einer Idee handelt, von Projektmanagement gesprochen werden. Allerdings werden auch in der Dienstleistungsbranche inzwischen Mittel gesucht, um sich zusätzlich zur Leistung, Qualität und zum Service abzuheben.

Die Aufgabe der Erlebnisökonomie ist es dabei, Aufmerksamkeit zu erlangen.[4] Durch die Inszenierung von Erlebnissen und besonderen Ereignissen, soll dieser wirtschaftliche Aspekt einen dauerhaften Wettbewerbsvorteil bewirken. Eine inszenierte Erlebniswelt, wodurch der Teilnehmer eine emotionale Bindung mit einer Marke, einem Unternehmen oder einer Institution eingeht, bezeichnet ein Event.

Dieses Ereignis ist ein vielseitig einsetzbares Instrument zur Kommunikation und Vermittlung einer Philosophie. Die Absicht, Produkte zu verkaufen, steht bei einem Event weniger im Vordergrund, vielmehr vermittelt der Event dem Teilnehmer eine unvergessliche Erfahrung.

Die Erlebniswelt wird dabei unbewusst vom Teilnehmer aufgenommen und bei nachfolgenden Kontakten wiederholt positiv in Erinnerung gerufen. Diese Identifikation mit dem Veranstaltungsgegenstand oder dem Produkt führt zu einer langjährigen Bindung an den Veranstalter. Das Eventmanagement widmet sich – unter Berücksichtigung der unternehmerischen Zielsetzungen – der systematischen Planung von Veranstaltungen. Egal ob Messen, Konferenzen, Präsentationen, Tagungen, Sport- oder Kulturveranstaltungen, die Aufgabe eines Events beschreibt sich in Information, Emotion, Aktion und Motivation.

Das Eventmarketing ist ein wichtiger Bestandteil des Kommunikations-Marketing-Mix von Unternehmen geworden. Nicht als klassisches Instrument, sondern als „below the line"-Instrument haben sich Events in Charakter und Auftreten eine Eigenständigkeit geschaffen. „Below the line" bezeichnet nicht klassische Werbe- und Kommunikationsmaßnahmen im Marketing und steht im Gegensatz zu „above the line"-Maßnahmen. Durch das eigenständige Auftreten von Events, ist eine zunehmend gleichwertige und gleichberechtigte Position zur klassischen Kommunikation entstanden.

---

[4] Vgl. Schreiter 2009, S. 66

Eventmanager organisieren und koordinieren aus Eigeninitiative oder durch Beauftragung Veranstaltungen nationaler oder auch internationaler Art. Der Veranstaltungsmanager hat dabei die Aufgabe kulturelle Angebote zu gestalten. Einer lokalen, regionalen oder überregionalen Ausrichtung sind dabei keine Grenzen gesetzt. Eventmanager sind für alle organisatorischen Aufgaben zuständig. Darunter fällt die Planung, Buchung, Finanzierung, Durchführung, Veröffentlichung und Bekanntmachung der Veranstaltung. Somit lernt ein Veranstaltungsmanager mit der Zeit und der Anzahl organisierter Projekte.

Projektmanager hingegen werden von Mitarbeitern oder Unternehmen angesprochen, welche den Auftrag der Topmanagerebene zur Organisation, Planung, aber auch Durchführung von unternehmerischen Veranstaltungen erhalten. Das können Assistenten sein, die eine Weihnachtsfeier für den kompletten Mitarbeiterstamm organisieren, aber auch Mitarbeiter der Öffentlichkeitsarbeit, die ein Sponsoring oder eine öffentliche Veranstaltung bearbeiten. Der Projektmanager greift auf die Grundlagen seines Faches zurück und konzipiert daraus ein Teilprojekt.[5]

2.3 Sicherung der Ziele der Veranstaltung

Die Zieldefinition einer Veranstaltung erfolgt mit der Konzeption. Diese Phase ist sehr wichtig, da sie richtungsweisend für die gesamte Veranstaltung ist. Zunächst müssen einige ausschlaggebende Fragen geklärt werden:

- Was genau will ich?
- Welches Ziel verfolge ich?
- Mit wem und vor allem wie kann ich meine Zielsetzungen erreichen?

Die Antwort dieser Fragen sollte alle relevanten Informationen geben, um die Veranstaltung zu erfassen. Zur einfachen Durchführung kann man folgende Prozessschritte differenzieren:

---

[5] Vgl. Schreiter 2009, S. 68 ff.

1. Auswahl des Veranstaltungsobjektes
2. Analyse der Ausgangssituation
3. Festlegung der Ziele
4. Bestimmung der Zielgruppen
5. Veranstaltungsstrategie, deren Entwicklung und Sinngehalt
6. Ablaufstruktur und Einzelmaßnahmen
7. Budgetierung und Finanzplanung
8. Konzeptplan entwickeln

Mit der Idee steht auch das Ziel, eine Veranstaltung durchzuführen, fest. Innere und äußere Bedingungen sollten im Einklang stehen. Bei einer unternehmensinternen Analyse werden Stärken und Schwächen des Unternehmens und der Produkte aufgezeigt, während eine Umweltanalyse die Chancen und Risiken, die durch die gesellschaftlichen Rahmenbedingungen, wie Gesetzeslage und demographische Entwicklung, vorgegeben sind, identifiziert. Veranstaltungen und Events werden als Mittel zur Kommunikation für Unternehmen genutzt und müssen speziell auf die Unternehmensphilosophie abgestimmt werden. Die kulturelle Identität einer Unternehmung, die Corporate Philosophie, setzt sich aus der nach innen gerichteten Corporate Culture und der nach außen gerichteten Corporate Identity zusammen, wobei das Corporate Design (Logo, Farben und Formen) hier eine besondere Rolle für das Erscheinungsbild spielt. Nach innen soll kulturelle Identität die kollektive Identifikation der Mitarbeiter mit dem Unternehmen bewirken und eine Steigerung der Motivation zur Folge haben. Man spricht auch vom „Wir Gefühl". Nach außen soll ein klares eigenständiges Profil festgesetzt werden, dass die Wahrnehmung, Wiedererkennung und Identifizierung in der Öffentlichkeit erleichtern soll. Somit entsteht das allgemeine Hauptziel der Schaffung von Vertrauen und Verständnis gegenüber dem Unternehmen.

Dieses Basiswissen über die eigene Unternehmung und dessen Image ist sehr wichtig, um weitere Ziele für Veranstaltungen festzulegen, die als richtungsweisend für die Umsetzungen der Image aufbauenden Veranstaltungen gelten. Die Emotionalisierung ist das Oberziel einer

Veranstaltung oder eines Events. Es stehen psychologische Kommunikationsziele, wie Bekanntheit, Image, Kontakte, Kundenbindung und Motivation im Vordergrund. Ökonomische Ziele umfassen eher die Kundengewinnung, Erhöhung der Marktanteile, Gewinne, Umsätze und Verkaufszahlen.

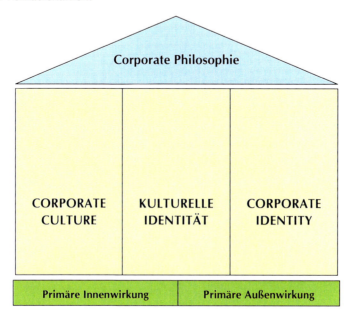

Abbildung 1: Modell der Corporate Philosophie
(Quelle: In Anlehnung an Schreiter, Hamburg 2009)

Ob eine Veranstaltung effizient war oder nicht, kann nicht unmittelbar quantitativ gemessen werden, da viele der Ziele erst nach einer gewissen Zeit durch Kundentreue ersichtlich werden.

Die Definition von Zielen, unabhängig ob interner oder externer Ausrichtung, spielt für die Strategie und die Erfolgskontrolle eine enorm wichtige Rolle. Ohne klar definierte Ziele lässt sich die Strategie nicht finden und nur wenn Ziele festgelegt sind, ist es möglich, quantitativ sowie qualitativ den Erfolg einer Veranstaltung zu messen. Mit der Festlegung der Ziele kann bestimmt werden, wer und was erreicht werden soll.

Für eine Unternehmung sind Eventstrategien ausschlaggebend und wegweisend für jede Art von Veranstaltung. Sie sind Bestandteil der Kommunikationspolitik und beinhalten die Ziele, deren Botschaften die Intensität und Häufigkeit von Veranstaltungen, Richtlinien für den Umfang der Inszenierung sowie die erwünschten Typen von Events, welche zum jeweiligen Unternehmen passen. Mit der Festlegung der Ziele und Zielgruppen spezifisch für die geplante Veranstaltung, kann die Eventstrategie bezogen auf die spezifischen Ziele entwickelt und festgelegt werden.[6]

2.4 Sicherung eines Kosten-Nutzen-Controllings

„Die abnehmende Leistungsfähigkeit klassischer Kommunikationsinstrumente, die Zunahme von Informationsüberlastung sowie die Notwendigkeit zur Schaffung von emotionalen Zusatznutzen bilden die zentralen Treiber der Popularität von erlebnisorientierten Kommunikationsformen, wie z. B. Eventmarketing, das seine kommunikativen Botschaften in die reale Erfahrungswelt der Zielgruppen einbettet".[7]

Daraus entstehen zunehmend steigende Kosten für das Eventmarketing, besonders für Corporate-Events. In Zeiten von knapp bemessenen Budgets und in Zeiten, in denen man mit den gegebenen Ressourcen gut kalkulieren muss, müssen Wirkungsvorteile gegenüber den klassischen Kommunikationsmitteln vor der Geschäftsleitung begründet und gerechtfertigt werden.[8] „Effektivität und Effizienz des Corporate Events stehen dabei verstärkt im Mittelpunkt der wissenschaftlichen Diskussionen. Es soll kontrolliert werden, ob nicht monetäre Ziele, wie Image und Bekanntheitsgrad sowie Kontakt- und Kommunikationsziele, die typisch für Corporate Events sind, verfolgt und erreicht wurden."[9]

---

[6] Vgl. Schreiter 2009, S. 63 ff.
[7] Lasslop 2003, S. 117
[8] Vgl. Kräher 2009, S. 104
[9] Erber 2005, S. 114 ff.

Es bestehen Probleme bei der Erfolgsmessung von Marketingevents. Die Probleme beziehen sich auf die Messung der Kommunikationswirkung und die Effizienzkontrolle. Das primäre Problem der Wirkungsmessung von Events ist die Zurechenbarkeit, bzw. Isolierbarkeit der Kommunikationswirkung. Corporate Events werden fast immer in Ergänzung zu anderen Kommunikationsinstrumenten eingesetzt, weil sich erst so die Kommunikationswirkung vollständig entfalten kann. Durch die Verflechtung mit anderen Kommunikationsinstrumenten entstehen Abhängigkeiten inhaltlicher Art zwischen den einzelnen Maßnahmen. Wenn also nach der Durchführung eines Corporate Events die Wirkung gemessen wird, betrifft das Resultat auch immer andere Kommunikationsmaßnahmen. Neben den sachlichen wechselseitigen Abhängigkeiten können auch zeitliche wechselseitige Abhängigkeiten auftreten. So beeinflusst der Einsatz eines Corporate Events in der Vergangenheit die Wahrnehmung und Beurteilung von Events in der Gegenwart.

Zusammenfassend kann man sagen, dass es im Rahmen der Erfolgsmessung von Corporate Events sehr schwer ist, den genauen Beitrag eines oder mehrerer Events zur Entstehung einer bestimmten Kommunikationswirkung festzustellen. Die Zielformulierungen bilden die Voraussetzung für die Erfolgsmessung von Corporate Events. Die Festlegung von Zielen, die am Anfang von jedem Planungsprozess steht, lässt sich durch drei verschiedene Zielebenen darstellen, die die nachfolgende Graphik verdeutlicht.[10] Durch die Kontaktziele, wird durch das Event- veranstaltende Unternehmen zu Beginn der Planungsphase festgelegt, wie hoch die Anzahl der Teilnehmer an einem bestimmten Corporate Event sein sollte, um einen angemessenen Soll-Ist-Vergleich zu erhalten.

---

[10] Vgl. Abb. 2

2 Eventmanagement und Controlling von Events

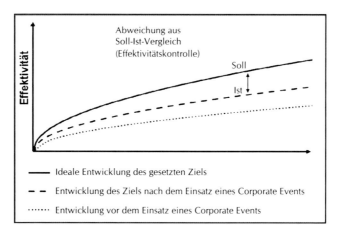

Abbildung 2: Effektivitätsmodell (Soll – Ist)
(Quelle: In Anlehnung an Lasslop, München 2003)

Wenn beim Soll-Ist-Vergleich eine negative Differenz festgestellt wird, muss nach den Ursachen geforscht werden, die bewirken, dass das Ziel verfehlt wurde.[11] Um darüber urteilen zu können, ob ein Event erfolgreich war oder nicht, bedarf es einer Erfassung der eingesetzten Ressourcen und der Beurteilung der sich daraus ergebenden Kosten-Nutzen-Relation.

Es muss überprüft werden, ob der Nutzen eines Corporate Events größer war, als die anfallenden Kosten. Danach muss analysiert werden, ob mit dem für einen Event angesetzten Budget, ein höherer Nutzen hätte erzielt werden können, wenn andere Kommunikationsinstrumente verwendet worden wären. Wenn der Nutzen eines Corporate Event größer ist als die dafür verursachten Kosten, dann kann man das Eventmanagement als sehr effizient bezeichnen.

Um einen Vergleich mit anderen Kommunikationsinstrumenten vornehmen zu können, also Nutzen und Kosten vergleichen und bewerten zu können, müssen Vergleichsobjekte definiert werden. Möchte man die gesamten Kosten eines Events in Erfahrung bringen, müssen alle Kosten für Sach- und Dienstleistungen systematisch erfasst werden.

---
[11] Vgl. Kräher 2009, S. 109

Es werden drei Kostenarten unterschieden, die als Basis der Effizienzkontrolle erfasst werden sollten: Personalkosten, Raumkosten und Materialkosten. Um eine ökonomisch exakte Effizienzaussage zu machen, müssen eingesetzte Kosten und der daraus entstehende Nutzen in vergleichbaren ökonomischen Maßeinheiten gemessen werden. Bisher ist es leider nur möglich, dass ein Vergleich von Kosten und Nutzen eines Events mit denen anderer Events vorgenommen werden. Der abschließende Schritt einer Effizienzkontrolle ist eine Gegenüberstellung des Corporate Event zu Vergleichsobjekten. Diese Vergleichsobjekte müssen vor dem Event bereits festgelegt werden. Diese Maßnahme beugt dem Selbstbetrug vor. Es besteht nun keine Gefahr, dass ein Vergleichs- bzw. Bewertungsobjekt gewählt wird, das das Kosten-Nutzen-Verhältnis des zu beurteilenden Events günstiger aussehen lässt.[12]

2.5 Exkurs: AirPlus Meeting Solution

von Claudia Geißler, AirPlus International,
Director Sales Meeting Solution,
cgeissler@airplus.com www.airplus.com

Veranstaltungskosten: Jetzt wird abgerechnet!

Dezentral! Ungebündelt! Unkontrolliert! Jedem versierten Travelmanager und Einkaufsprofi stehen allein bei diesen Worten die Haare zu Berge. Dabei ist es genau das, was die Summe der Prozesse, Daten und Kosten im Veranstaltungsmanagement vieler Unternehmen auf den Punkt bringt: Verschiedene Verantwortliche in verschiedenen Abteilungen buchen im Zuge ihrer Veranstaltungsplanung munter drauf los; fernab von Reise- oder Einkaufsrichtlinien, ausgehandelten Kontingenten – ungesteuert.

Rüdiger Krenz, Chef des Einkaufs von Dienstreisen bei AXA, hat dieses Chaos noch sehr genau vor Augen: „Wir haben festgestellt, dass drei verschiedene AXA-Bereiche das gleiche Hotel zu unterschiedlichen Preisen gebucht haben", schaudert er beim Blick zurück. Was ihm im Bereich seines Travelmanagements längst selbstverständlich ist – Da-

---

[12] Vgl. Lasslop 2003, S. 138

tentransparenz, optimierte und standardisierte Einkaufs – und Bezahlprozesse, Volumenbündelung, Steuerung: Das AXA-Veranstaltungsmanagement war weit davon entfernt. Eine Art Black Box – ein dunkles Geheimnis.

Andrea Zimmermann kennt das Dilemma: „Immer mehr Unternehmen entdecken, dass im MICE-Segment enorme Prozessoptimierungs- und vor allem Einsparpotenziale versteckt sind", sagt die Inhaberin der Unternehmensberatung btm4u. „Sie sind erfolgreich in der Durchführung von Veranstaltungen, sehr versiert in der Organisation von Events und Kongressen. Wenn ich sie dann aber frage, wie viele Veranstaltungen sie durchführen, erhalte ich oftmals nur vage Zahlen und Angaben." Bevorzugte Leistungsträger? Schulterzucken! Höhe der Ausgaben? Fehlanzeige! „Dabei kann der Einkauf ohne schlüssige Zahlen nicht effizient arbeiten."

AirPlus ist der Spezialist für die Abrechnung, nicht für die Organisation von Veranstaltungen!

Eine Binsenweisheit – eigentlich. Auf Unternehmensseite provozierte dieser Hinweis jedoch lange Jahre bestenfalls Lippenbekenntnisse. Zu emotional besetzt schien dieses Thema; zu kompliziert – nicht zu handhaben. Erst im Zuge der Finanz-, Wirtschafts- und Schulden-Krise ist es in vielen plötzlich erwacht: das unbedingte Verlangen nach Transparenz und Steuerung auch im Veranstaltungsbereich. Vormalige Berührungsängste? Werden beiseite geschoben im Angesicht von Einsparpotenzialen von bis zu 20 Prozent.

Dabei wäre das lange Zögern gar nicht nötig gewesen: Der Einsatz der AirPlus Meeting Solution – einer Bezahl- und Abrechnungslösung speziell für den Veranstaltungsbereich – konsolidiert die Daten und liefert dem Einkauf die lang ersehnten Kennzahlen und Statistiken. Zur Kontingentsteuerung etwa oder für Preisverhandlungen mit Hotels. Genau wie der AirPlus Company Account im Geschäftsreisebereich. Darüber hinaus aber lässt die AirPlus Meeting Solution heiß geliebte Pfründe im Veranstaltungsmanagement unangetastet: Die Mitarbeiter können ihre Tagungen und Events planen und durchführen wie gehabt.

Lediglich eins sind sie los: den enormen administrativen Aufwand bei der Abrechnung nicht standardisierter Einzelrechnungen. Und die lästige Prüfung der Rechnungen. Wer seine Veranstaltung nicht direkt im Hotel gebucht hat, sondern über einen AirPlus-Partner wie eine Buchungsplattform, Agentur oder Reisebüro arbeitet, der überlässt diese Arbeit einfach seinem Mittler. „Die zusätzlich gewonnene Zeit investieren unsere Mitarbeiter im Konferenz- und Eventmanagement in die Qualität der Veranstaltungen", resümiert der Travelmanager bei L'Oréal Deutschland, Jürgen Theel.

AirPlus Meeting Solution: Alle Veranstaltungskosten im Griff

Das beste aber: Um die Black Box im Veranstaltungsmanagement zu heben und vor allem: den darin verborgenen Geldströmen auf die Spur zu kommen, bedarf es künftig keiner kräftezehrenden Rettungsaktionen mehr. Die Einführung der AirPlus Meeting Solution genügt.

- Sämtliche Veranstaltungen und Veranstaltungsausgaben eines Unternehmens werden zentral über einen Account bezahlt.
- Eine einzige AirPlus-Rechnung ersetzt stapelweise Einzelrechnungen.
- Jede einzelne AirPlus-Rechnung ist klar strukturiert. Sie liefert Reportings, deren Detailtiefe individuell festgelegt werden können. Die Zuordnung von Kostenstellen und Projektnummern etwa, von Veranstaltungen, Städten etc.
- Standardisierte, elektronische Rechnungsformate ermöglichen die automatische Verarbeitung im Buchhaltungssystem. Der manuelle Aufwand für Erfassung und Verbuchung entfällt.

Kurzum:

Die AirPlus Meeting Solution ist die Antwort auf die Forderung des Einkaufs nach

- Datentransparenz zur Optimierung der internen Prozesse,
- Stärkung der eigenen Verhandlungsbasis gegenüber Leistungserbringern und
- Kostenersparnis.

Mit der AirPlus Meeting Solution hat der Einkauf endlich ein Medium in der Hand, das ihn in die Lage versetzt das zu tun, was er will!
Andrea Zimmermann, erste „AirPlus Certified Consultant", sieht genau darin die Quintessenz: „Tools wie eine Meeting-Card im Zahlungsumfeld versetzen Unternehmen in die Lage, klare Daten und Fakten zum Volumen zu erhalten; genau wie früher schon im Business Travel-Umfeld mit den Reisestellenkarten. Im Anschluss lassen sich dann bestmögliche Konzepte für den Einkauf entwickeln oder auch Veranstaltungsrichtlinien definieren."

Apropos Business Travel: L'Oréal-Mann Jürgen Theel lobt vor allem die Einsparpotenziale am Schnittpunkt von Event- und Travel Management. Die neue Datentransparenz ermöglicht ihm die Bündelung des Übernachtungsvolumens, erzählt der Travelmanager. „Das stärkt die Verhandlungsposition von L'Oréal gegenüber Hotels und verhindert gleichzeitig, dass mehrere Firmen der Gruppe in ein und demselben Haus unterschiedliche Raten bezahlen."

Auch AXA-Manager Rüdiger Krenz singt ein Loblieb auf die Synergieeffekte in MICE- und Travelmanagement: „Erstmals glückt es, den Einzelübernachtungsbereich und den Veranstaltungsbereich zusammenzuführen und auszuwerten", benennt der Einkäufer den für sein Unternehmen größten Vorteil. Denn nicht nur tragen die vereinheitlichten Daten zur Steigerung von Effizienz und Effektivität im Veranstaltungsmanagement bei. „Selbst bei den Einzelübernachtungen ist der Konzern in einer besseren Verhandlungsposition, da er nun das Gesamtvolumen seiner Buchungen ins Spiel bringen und steuern kann." Und zwar auf Augenhöhe mit der Hotellerie. „Oftmals habe ich sogar bessere Informationen als die Hotelvertreter", schmunzelt Krenz über das neue Ass in seinem Ärmel.

3 Führen nach Richtlinien und Compliance

3.1 Führen nach Richtlinien

Der im 15. Jahrhundert lebende italienische Politiker, Diplomat und Geschichtsschreiber Niccoló Machiavelli vertritt eine sehr strenge Auffassung zur Einhaltung von Richtlinien. Wird eine Richtlinie nicht beachtet, ob sie nun sinnvoll ist oder nicht, begibt sich die Führungsperson in Gefahr, die Macht und gleichzeitig die Kontrolle zu verlieren. Daher muss die Führungsperson ohne zu zögern ein Exempel statuieren. Gemäß Machiavelli hat er den Mitarbeiter zu erniedrigen, fertigzumachen, zu beschimpfen, zu bedrohen und ihn als unfähig zu bezeichnen. Dieser Prozess muss immer in der Öffentlichkeit geschehen, so dass alle anderen Mitarbeiter dies mitbekommen. Die Mitarbeiter müssen wissen, dass jeder in der permanenten Gefahr schwebt der Nächste zu sein. Dieses Verhalten spricht sich schnell herum und es benötigt kaum Überzeugungsarbeit. Die Waffen der Führungsperson sind in diesem Fall Richtlinien, Arbeitsanweisungen, Befehle und das nötige Maß an Gemeinheit, um die Einhaltung der Richtlinien zu erzwingen. Dabei geht es um die Konsequenz und darum, dass die Mitarbeiter anweisungsgemäß handeln.[13]

Diese harte, strenge und diskriminierende Weise zum Führen nach Richtlinien war sicherlich einmal sehr effektiv, ist aber heutzutage veraltet, da es wesentlich elegantere Lösungen zum Führen und Einhalten von Richtlinien gibt. Heutige Führungspersonen appellieren eher an die Motivation der Mitarbeiter, etwas zu erreichen. Ziele werden häufig gemeinsam mit den Mitarbeitern vereinbart. Dies hat den Effekt, dass bei der Umsetzung wesentlich mehr Motivation und Engagement vorhanden ist. Motivierend führen bedeutet, den Mitarbeiter ernst zu nehmen und ihn so früh wie möglich an der Definition der Ziele zu beteiligen.

Der Effekt ist, dass es dann auch seine Ziele sind, die es zu erreichen gilt, und nicht nur die Ziele des Vorgesetzten.[14] Natürlich sind Richtli-

---

[13] Vgl. Schwanfelder 2005, S. 65 ff.
[14] Vgl. Graus H. Motivation als Erfolgsfaktor

nien dafür da, dass sie eingehalten werden und Arbeitsabläufe optimieren. Sofern noch keine Richtlinien bestehen, bietet es sich an, die Richtlinien gemeinsam mit den Mitarbeitern zu definieren. Wenn man Regeln selbst erarbeitet, fällt es leichter, sich an diese zu halten. Aus den Arbeitsverträgen der Mitarbeiter sollte jedoch eine klare Klausel hervorgehen, die die strenge Einhaltung der bestehenden Richtlinien besagt. Das Einhalten von Richtlinien gilt für alle Mitarbeiter, einschließlich der Führungsperson. Es gibt nicht viel, was auf einen Mitarbeiter demotivierender wirkt, als mangelnde Glaubwürdigkeit eines Vorgesetzten. Jede Führungskraft muss sich darüber bewusst sein, dass ihr persönliches Verhalten mit den gleichen Maßstäben gemessen wird, die sie an die Mitarbeiter anlegt.[15] Richtlinien und deren Einhaltung von allen Beteiligten führen im Endeffekt immer zu effektivem, prozessorientiertem und konfliktfreiem Arbeiten.

3.2 Compliance-Management

Der Begriff „Compliance" bezeichnet die Summe aller zumutbaren Maßnahmen, die das regelkonforme Verhalten eines Unternehmens, seiner Aufsichtsorgane sowie seiner Organisationsmitglieder im Hinblick auf gesetzliche Gebote und Verbote, ethische Normen und Werte sowie vom Unternehmen selbst gesetzte Standards und Leitlinien begründen. Compliance bezeichnet die Treue und Konformität gegenüber Gesetzen, Normen, Werten, Standards, Leit- oder Richtlinien und Regeln, die von einem Unternehmen zur Sicherung der Unternehmensführung festgelegt worden sind.

Compliance bezeichnet außerdem die Maßnahmen, die zur Einhaltung und Kontrolle dieser Normen, Standards und Leitlinien eingesetzt werden. Corporate Compliance kann als Teil der ordnungsmäßigen Unternehmensführung gesehen werden. Es handelt sich dabei um eine Selbstverpflichtung des Unternehmens bzw. seiner Organe.[16]

Zumutbare Maßnahmen: Ob eine Maßnahme zumutbar ist, hängt von der Beobachtung ab. Hier kommt die betriebswirtschaftliche Dimen-

---

[15] Vgl. Graus H. Motivation als Erfolgsfaktor
[16] Vgl. Hauschka, München 2007, S. 251

sion ins Spiel, z. B. durch die Frage der Transaktionskosten, die mit der strikten Regelverfolgung in Kauf genommen werden muss. Die Realität ist meist zu unübersichtlich, die jeweilige Verantwortung von Organisationsmitgliedern nicht genau definiert und die Gut/Schlecht – Zurechnungen abhängig von individuellen Perspektiven, als dass man hier mit bloßen Appellen an einzelne Menschen weiter kommen würde. Die Voraussetzung der Regelkonformität ist, dass Regeln und Normen explizit für Organisationsmitglieder bekannt und verständlich gemacht werden müssen. Welche Sanktionen bei Nichtbefolgung zu erwarten sind, muss ebenfalls klar definiert sein.

Des Weiteren muss die Frage gestellt werden, ob ein Regelverstoß unabhängig von einem möglichen Schaden zwangsläufig zu einer Sanktion führt oder nicht. Die Vorgehensweise unterscheidet sich und hängt von der Qualität der Norm ab. Es gilt natürlich immer der Grundsatz, dass Unwissenheit nicht vor Strafe schützt.[17]

Es gibt noch andere Erwartungen und Werte, die als Orientierung in Gemeinschaften als Erlebnisgrundlage für deren Mitglieder dienen und von denen abgewichen werden kann. Aufgrund dessen kann man sagen, dass nicht jede Abweichung von einer Norm klare Vorstellungen über Sanktionen im Fall eines Schadens erbringt.

Man muss sehr genau überlegen, wo die Grenze zwischen Corporate Compliance-Relevanz und normalem Führungsgeschehen markiert werden kann. Die Frage nach der Grenze ist nicht zuletzt eine Frage nach der unterschiedlichen Qualität der Normen.

Selbstverpflichtung: Zunächst stellt sich die Frage, was davon über Organisations- und Führungssystem geklärt werden muss und wie stark die Zweckmäßigkeitserwartungen sind. Gerade weil das Verhalten in Organisationen nur begrenzt kontrollierbar ist, tritt eine betriebswirtschaftliche Rechnung hervor: „Kontrollkosten von Regelabweichungen relationiert zu den durch die Regelabweichung verursachten Schäden und der Entdeckungswahrscheinlichkeit."[18]

---

[17] Vgl. Popitz 2006, S. 76
[18] Vgl. Jäger/Rödl/Nave 2009, S. 53 ff

3.3 Compliance im Einkauf

Der Einkauf ist einer der gefährdeten Bereiche in Unternehmen, im Hinblick auf die Anfälligkeit für Gesetzeswidrigkeiten, da er bereits von der Grundaufgabe her mit Geschäftspartnern zu tun hat, die stark davon profitieren, wenn sie von den entsprechenden Verantwortlichen bei der Auftragsvergabe vorrangig berücksichtigt werden. Dies eröffnet Raum für den Einsatz von Bestechung und Vorteilszusage. Neben der strafrechtlichen Komponente ist aber auch der Bereich der Absprachen von Unternehmen gleicher oder unterschiedlicher Absatzstufen untereinander Hauptbereich von potenziellen und auch klassischen Gesetzesverstößen im Bereich des Einkaufs.

Compliance bewegt sich allerdings nicht nur im Bereich der mit Strafe behafteten gesetzeswidrigen Verhaltensweisen, sondern es bedeutet auch eine Übereinstimmung mit Vorschriften und Bestimmungen, die bei einem Verstoß nicht sofort zu einer strafbaren Handlung führen. Das A und O ist, dass in jeder Phase eines gleich bleibenden Ablaufes des Einkaufsprozesses die Gefahren und Risiken identifiziert werden und, dass der Prozess durch ein – idealerweise festgelegtes, einheitliches und von der Unternehmensleitung vorgegebenes – gesetzes- und richtlinienkonformes Verhalten bearbeitet wird.

3.4 Prozess beim Einkauf von Dienstleistern

Der Bereich Eventmanagement des Unternehmens fordert eine Dienstleistung, worauf – sofern es sich nicht um eine Dienstleistung handelt, die das Eventmanagement auch selbst bearbeiten kann – der Einkauf Vorbereitungshandlung und Ermittlungen über die Beschaffung und den Bezug der entsprechenden Dienstleistung anstellt. Verantwortlich bei einer solchen Ermittlungstätigkeit ist häufig die Sachbearbeiterebene im Einkauf. Nachdem entsprechende Informationen und Angebote gesammelt wurden, erfolgt meist – sofern es nicht parallel mit der Dienstleistungsforderung abgeklärt wurde – eine Budgetanalyse und eine Budgetfreigabe des Budgetverantwortlichen. Dieser kann im Einkauf angesiedelt sein, aber meistens stammt der Budgetverantwortliche aus den Zentralfunktionen des Unternehmens oder aus dem Dienstleistungsanfordernden Bereich. Sofern der Budgetverantwortliche nicht aus dem Einkauf stammt, folgt nachgelagert zur Budgetverhandlung und deren Freigabe eine nochmalige Kontrolle der Angebote und der Budgetfreigabe durch die Leitung des Einkaufs.[19]

3.5 Besondere Risiken im Bereich des Einkaufs am Beispiel der kartellrechtlichen Compliance

Die Auswirkung des Kartellrechts auf den Einkauf stellt einen ganz bedeutenden Einschnitt in die unternehmerische Freiheit dar. Durch den Schutz eines funktionierenden Wettbewerbs soll verhindert werden, dass Unternehmen, vor allem Unternehmen ab einer bestimmten Marktmacht, mit nicht-wettbewerbskonformen Maßnahmen eine Verzerrung des freien und fairen Wettbewerbs herbeiführen. Viele relevante Tätigkeiten eines Unternehmens im Bereich der Absprachen mit Wettbewerbern haben eine kartellrechtliche Komponente. „So kommen neben den Fällen, in welchen Druck auf die Lieferanten ausgeübt wird, weil das einkaufende Unternehmen relativ zum Lieferanten oder absolut auf dem relativen Markt über eine marktbeherrschende oder marktmächtige Stellung verfügt, auch die Fälle, in denen Wettbewerber kooperieren und somit Situationen schaffen, die von der Rechtsordnung als nicht mehr mit einem freien und fairen Wettbewerb konform erachtet werden."[20]

In diesem Zusammenhang gibt es Themen die besonders heikel sind, z. B. das Verlangen von Sonderkonditionen, die nicht mehr aufgrund des eigenen Wettbewerbsverhaltens des Lieferanten gewährt werden können und welche somit unzulässig sind. Im wettbewerbsrechtlichen Sinne lässt sich zwischen so genannten horizontalen Wettbewerbsvereinbarungen und vertikalen Wettbewerbsvereinbarungen unterscheiden. Horizontale Wettbewerbsvereinbarungen kann man auch als Beschränkungen bezeichnen. Diese vollziehen sich innerhalb einer bestimmten Handelsstufe. Vertikale Wettbewerbsvereinbarungen beschränken sich immer auf Unternehmen unterschiedlicher Stufen. Nicht marktbeteiligt im Rahmen der kartellrechtlichen Compliance sind die Endverbraucher.

---

[19] Vgl. Jäger/Rödl/Nave 2009, S. 95
[20] Vgl. Jäger/Rödl/Nave, 2009, S. 97

Beispiele für kartellrechtlich bedenkliche Wettbewerbsbeschränkungen sind z. B. Preisabsprachen, Quotenabsprachen oder Marktaufteilung.[21] Die kartellrechtliche Frage stellt sich immer dann, wenn Aufträge an externe Auftragnehmer mit gleichen Chancen vergeben werden sollen. In der Realität wird aber immer bei der Auswahl von Eventagenturen das Kriterium der Professionalität und Kreativität eine bestimmende Rolle spielen.

3.6 Implementierung eines Corporate-Compliance-Systems

Der größte Bestandteil der Analysephase ist die Durchführung eines Compliance-Quick-Checks im Unternehmen. Diese Maßnahme dient als Grundlage für eine Soll-Ist-Analyse, die mit einer Bestandsaufnahme endet. Diese Bestandsaufnahme und die Ergebnisse der Analyse werden in einem „Management Letter" abgebildet und die genauen Umsetzungsmaßnahmen zur Einführung von CC im Unternehmen festgelegt. Um eine solche Analyse im Unternehmen zu implementieren, ist die Voraussetzung, dass eine sorgfältige Soll-Ist-Analyse hinsichtlich der potenziellen Haftungsrisiken im Unternehmen erstellt wird. Es stellt sich die Frage, welche Aufgabe ein Compliance-Quick-Check hat. Ein zielführender Quick-Check wird immer in den Bereichen Recht, Organisation und Personal durchgeführt.

Es reicht nicht aus eine rein rechtliche Analyse durchzuführen, um damit rechtliche Risiken aufzudecken. Eine enge Verknüpfung zwischen rechtlicher und organisatorischer Unternehmensanalyse ist erforderlich, um im Anschluss an die Analyse ein effektives Compliance-System im Unternehmen implementieren zu können. Die rechtliche Unternehmensanalyse dient zur Aufdeckung von rechtlichen Risiken im Unternehmen.

---

[21] Vgl. Jäger/Rödl/Nave 2009, S. 97

Die organisatorische Unternehmensanalyse dient der Entwicklung und der Umsetzung von organisatorischen Maßnahmen, mit denen die Rechtmäßigkeit der Aktivitäten im Unternehmen gewährleistet werden kann.[22]

„Der Compliance-Quick-Check sollte in einem ersten Schritt sämtliche potenziellen Risiken im Unternehmen identifizieren."[23] Der Compliance-Quick-Check im Bereich Einkauf muss darauf achten, dass innerhalb der Einkaufsorganisation die Mitarbeiter alle 2–3 Jahre rotieren.[24] Diese Maßnahme trägt dazu bei, dass man zu Lieferanten oder Dienstleistern keine besonders enge und freundschaftliche Verbindung aufbaut. Des Weiteren muss überprüft werden, ob in den Arbeitsverträgen der Mitarbeiter des Einkaufs sogenannte Korruptionsklauseln enthalten sind, die bei Vorliegen eines Korruptionsfalls eine Vertragsstrafe und die fristlose Kündigung des Arbeitsverhältnisses vorsehen.[25] Bezogen auf die Beschaffungsvorgänge sollte in der Einkaufsabteilung des Unternehmens eine interne Beschaffungs- und Vergaberichtlinie für die Mitarbeiter der Einkaufszuständigkeit aufgestellt sein, deren Kenntnisnahme sie zu unterzeichnen haben. Außerdem sollten Beschaffungs- oder Einkaufsvorgänge im Rahmen des Quick-Checks überprüft werden, ob sie nachvollziehbar und transparent dokumentiert sind.

Im Rahmen der Unternehmensanalyse muss dokumentiert werden, ob die bestehende Unternehmensorganisation oder die Organisation innerhalb einer Abteilung des Unternehmens in der Lage ist, zur Vermeidung der Haftungsrisiken beizutragen. Ebenfalls ist es dringend notwendig die Organisations- und Führungsstruktur zu ermitteln.

Bei der Organisatorischen Unternehmensanalyse ist es ebenfalls die Aufgabe des Compliance-Quick-Checks zu überprüfen, ob das Unternehmen, bzw. die Abteilung, über einen geeigneten Verhaltenskodex (Code of Conduct) sowie über ein funktionierendes „Whistleblowing-System" verfügt. Whistleblowing-Systeme erhöhen die Aufdeckungswahrscheinlichkeit von Wirtschaftsdelikten in Unternehmen. Hierzu

---

[22] Jäger/Rödl/Nave 2009, S. 391 ff.
[23] Vgl. Bürkle J. 2005, S. 566
[24] Vgl. Hauschka 2007, S. 394
[25] Vgl. Hauschka 2007, S. 394

gibt es eine zentrale Anlaufstelle in der Mitarbeiter, meist abseits vom normalen Dienstweg auf Missstände oder Rechtsverletzungen im eigenen Unternehmen hinweisen. Sowohl Verhaltenskodex als auch ein „Whistleblowins-System" sind integraler Bestandteil eines jeden Compliance-Systems.[26]

---

[26] Jäger/Rödl/Nave 2009, S. 391 ff.

4 Rolle von Richtlinien im Veranstaltungsmanagement

4.1 Ziele und Zielgruppen der Veranstaltungsrichtlinie

Veranstaltungen sind ein wesentlicher Bestandteil des Marketings und leisten einen aktiven Beitrag zum Erfolg des Unternehmens. Sie verdeutlichen die Einstellung des Unternehmens im Umgang mit Menschen und Kulturen im geschäftlichen Umfeld. Erfolgreiche Veranstaltungen pflegen und fördern das Image eines Unternehmens mit seinen internen und externen Kunden. Die Zielgruppen von Veranstaltungsrichtlinien sind alle Personen, die an der Planung, Organisation, Durchführung und Nachbereitung beteiligt sind. Zu diesen Personen zählt man Auftraggeber, Auftragnehmer und Teilnehmer.

Abbildung 3: Beteiligte Abteilungen

(Quelle: eigene Darstellung)

Veränderte Anforderungen im gesamten Umfeld einer Veranstaltung, der Einsatz und die Nutzung neuer Techniken und eine Neuausrichtung der personellen Kapazitäten erfordern die Schaffung und Erhaltung von Richtlinien und ihren Zielen, wie z. B. eine Verbesserung der Kostentransparenz durch wirksames Controlling.

Ein weiteres Ziel ist die Kostensenkung. Kosten können durch folgende Punkte gesenkt werden:[27]

- Prozessoptimierung
- Nutzung vorhandener Einkaufspotenziale und Know-how
- Schaffung von Mehrwert für interne und externe Kunden

4.2 Make or Buy

Der Begriff „Make or Buy" (dt. selbst ausführen oder von außen einkaufen) ist in Unternehmen mittlerweile fest etabliert. Der Begriff beinhaltet die Überlegung, ob einzelne Komponenten, wie z. B. Dienstleistungen im eigenen Unternehmen erbracht werden können, oder ob es günstiger ist, diese von externen Dienstleistern zu kaufen.

Definition: Unter „Make" wird die Eigenerstellung einer Leistung verstanden. Wenn man selbst herstellt, entwickelt oder leistet, kann man zentral planen, zentral Ziele setzen und auch Dinge in Angriff nehmen, deren Qualität man nur über ein Vertrauensverhältnis garantieren kann. Dafür entstehen aber im eigenen Unternehmen interne Koordinationskosten und es fallen Kosten der eigenen Leistung an. Unter „Buy" versteht man die Beschaffung einer Leistung von der Seite des Marktes. In diesem Zusammenhang wird auch oft das Synonym „Fremdbezug" verwendet.

Unter die Kosten des Fremdbezuges fallen unter anderem der Einstandspreis sowie die Kosten für die marktseitige Koordination, welche sich weiter aufgliedern lassen in Anbahnungs-, Vereinbarungs-, Abwicklungs-, Kontroll- und Anpassungskosten.[28]

---

[27] Vgl. Bleile 2010, S. 4
[28] Vgl. Boutellier 2003, S. 455

4.3 Charakterisierung von Make-or-Buy-Entscheidungen

Die Frage nach dem Make-or-Buy kann sich ein Unternehmen nur dann stellen, wenn sowohl die Eigenleistung, als auch der Fremdbezug theoretisch möglich wären. Eine Mischform zwischen Eigenleistung und Fremdbezug ist auch möglich, sofern die Menge des Auftragsvolumens teilbar ist. Ob und wie das Leistungsvolumen zwischen den Bereitstellungsformen aufgeteilt werden soll, muss berechnet- und das Optimum ausgewählt werden. Entscheidungsprobleme hinsichtlich der Eigenerstellung oder des Fremdbezugs von Gütern und Dienstleistungen lassen sich in allen Wirtschaftszweigen vorfinden. Des Weiteren sind Make-or-Buy-Entscheidungen auch in verschiedenen Bereichen des Unternehmens zu fällen, so z. B. im Eventmanagement, der Materialwirtschaft/Logistik, der Verwaltung sowie in weiteren Bereichen. Make-or-Buy-Entscheidungen können hinsichtlich ihrer zeitlichen Dimension unterschieden werden.

Make-or-Buy-Entscheidungen werden grundsätzlich in strategische (langfristige), taktische (mittelfristige), und operative (kurzfristige) Entscheidungen unterteilt. Operative Entscheidungen werden häufig getätigt und wiederholt, strategische Entscheidungen stehen hinter allen operativen und taktischen Entscheidungen als Grundlage.[29]

---

[29] Vgl. Mikus 2001, S. 28

4 Rolle von Richtlinien im Veranstaltungsmanagement

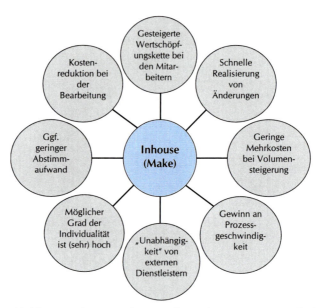

Abbildung 4: Inhouse (Make), (Quelle: Rüdiger Krenz, VDR Akademie)

Abbildung 5: Outsourcing (Buy), (Quelle: Rüdiger Krenz, VDR Akademie)

Make-or-Buy-Entscheidungen betreffen nicht selten mehrere Bereiche des Unternehmens gleichzeitig. Sie können sich auf die Struktur und die Entwicklung des gesamten Unternehmens auswirken, indem sie an intern auszuführenden Entwicklungs- und Leistungserstellungsprozessen folgende Eigenschaften des Unternehmens beeinflussen:[30]

- Den Investitionsbedarf und daraus resultierende Höhe, Zweck und Zeitpunkt der langfristigen Bindung finanzieller Mittel des Unternehmens.
- Den Umfang des Beschaffungsprogramms.
- Die Relevanz der Funktionsbereiche im Unternehmen oder der Abteilung und damit verbunden, die Verteilung der Aufgaben.
- Die Qualität und die Qualifikation des benötigten Personals und damit die Know-how-Basis der Abteilung sowie das Beschaffungsrisiko.
- Die Höhe und Struktur der Kosten.
- Die beschaffungswirtschaftliche Flexibilität.[31]

4.4 Ausschreibungen

Eine Ausschreibung ist ein Teil des Verfahrens zur Vergabe von Aufträgen im Wettbewerb. Durch sie werden potenzielle Bieter aufgefordert, ein Angebot abzugeben.

Für eine Ausschreibung muss die Leistung, die man verlangt, genau spezifiziert sein und ein koordiniertes Vorgehen mit definierten Verantwortlichkeiten und gegenseitiger Information im Team sollte grundsätzlich gewährleistet sein. Bei einer Ausschreibung ist es üblich, dass nur ein Verantwortlicher mit den Bietern auf dem Markt spricht. Diese Vorgehensweise nennt man „One Face to the Market". Es ist wichtig, dass alle Bieter der Ausschreibung die gleichen Informationen über den Auftrag erhalten, und die Kommunikation mit den einzelnen Bietern erfolgt strukturiert und nach einheitlicher Vorgehensweise. Dieses

---
[30] Vgl. Bechter 2009, S. 5
[31] Vgl. Mikus 2001, S. 30

System stellt sicher, dass man die Bieter genau miteinander vergleichen kann. Die endgültigen Entscheidungen erfolgen auf Basis von festgelegten Bewertungskriterien, wie z. B. Preis-Leistung, Referenzen und die eigene Ausstattung.[32] Die folgende Abbildung verdeutlicht, wie viel Zeit für eine Ausschreibung eingeplant werden muss und wie lange die einzelnen Phasen der Ausschreibung in etwa dauern.

	Jan	Feb	Mrz	Apr	Mai	Jun	Jul
Vorbereitung	▬						
Ausschreibungsversand		◆					
Bewertung Angebote			▬				
Bietergespräche				▬			
Verhandlungen					▬		
Vertragsentwurf					▬		
Vertragsschluss						◆	
Start der Zusammenarbeit						→	

Abbildung 6: Üblicher Ablauf einer Ausschreibung
(Quelle: eigene Darstellung)

---

[32] Vgl. Bleile 2010, S. 31

4.5 Vor- und Nachteile bei der Zusammenarbeit mit Leistungsträgern

Eigenes Projektmanagement	Full-Service-Eventagentur
+ Bessere Kontrolle und Transparenz über Kosten und Prozesse	- u. U. schlechte Preistransparenz
+ Aufbau von eigenem Know-how	- Know-how liegt bei der Agentur
+ Bessere Kontrolle über Fremdkosten	- Absprachen und Kickbacks mit Subunternehmen möglich
+ Mehr Flexibilität	- Änderungen erzeugen häufig Mehrkosten
- Hoher Steuerungsaufwand	+ Projektmanagement wird komplett übernommen
- Keine kontinuierliche Arbeitsbelastung, sondern extreme Belastung zu Stoßzeiten	+ Bessere Möglichkeit bei der Ressourcenaussteuerung
- Risiko bei Ausfall und Versagen von Sublieferanten	+ Übernahme des Subunternehmerrisikos
- Bei wenigen Events kaum Einkaufsmacht	+ Professionelle Tools und u. U. Volumenbündelung über mehrere Kunden

Abbildung 7: Vor- und Nachteile bei der Zusammenarbeit mit Leistungsträgern

(Quelle: Eigene Darstellung)

Diese Abbildung stellt einige Vor- und Nachteile des eigenen Projektmanagements einer Full- Service- Eventagentur gegenüber.

Wenn mit einer außen stehenden Agentur zusammengearbeitet wird, ist es unbedingt notwendig, dass eine Transparenz bei den Leistungen besteht, um sich über die Kosten und Kostenreduktion bei der Veranstaltungsplanung bewusst zu werden. Es ist sinnvoll Checklisten einzusetzen. Die Zusammenarbeit mit einer Agentur basiert auf einer Leistungs- und Kostenberechnung und die einzelnen Aktivitäten vom Briefing-Gespräch bis zur Abrechnung müssen aufgelistet werden.

Wichtig ist, dass jede Leistung mit den benötigten Zeiten und den Stunden- oder Tagessätzen der Mitarbeiter der Agentur hinterlegt sind.[33]

4.6 Maverick Buying

Maverick Buying kann man auch als „wilden Einkauf" bezeichnen. Unter dem Begriff „Buying" versteht man die Beschaffung von Waren und Dienstleistungen durch Bedarfsträger, die allerdings den Einkauf umgehen. Circa 30 % aller C-Teile werden außerhalb der üblichen Beschaffungsvorgänge gekauft. C-Teile sind die Prozesskosten, die im Verhältnis zum Einkaufspreis überproportional hoch sind.

Wenn der Einkauf eines Unternehmens und dessen standardisierte Strukturen umgangen werden, entstehen etwa 15 % Mehrkosten beim Einkauf von Dienstleistungen und Waren. Aus den folgenden Punkten ergeben sich unter anderem die Mehrkosten:

- hohe Prozesskosten, z. B. in der Kreditorenbuchhaltung
- Nichtnutzung der bestehenden Rahmenverträge
- fehlende Möglichkeit der Bedarfsbündelung zur Ausschöpfung
- der Macht am Markt
- mangelnde Qualität der beschafften Waren und Dienstleistungen
- fehlende Lieferung aufgrund hektischer Auftragsvergabe
- keine Ausnutzung von Preisvorteilen
- hohe Transportkosten durch zu kleine Mengen und Eillieferungen
- schlechte Lieferantenauswahl

---

[33] Vgl. Bleile 2010, S. 17

4.7 Ursachen für Maverick Buying

Für Maverick Buying gibt es einige Ursachen, die allerdings mit der richtigen Herangehensweise verhindert werden können. Ursachen für Maverick Buying sind beispielsweise:

- ungeplante Aufträge und unberechenbare Kunden
- verbrauchende Stelle bestellt ohne Einschaltung des Einkaufs
- schlechte Bedarfsprognosen, ungeplanter Ausschuss
- verbrauchende Abteilungen halten sich nicht an Einkaufsvorgaben
- Bereichsdenken

Folgende Gegenmaßnahmen sind in der Praxis anzutreffen:

- bessere und rechtzeitige Abstimmung des Bedarfs der verbrauchenden Abteilung gegenüber dem Einkauf
- nur der Einkauf hat die Berechtigung zur Beschaffung von Waren und Dienstleistungen
- bessere Bedarfsprognosen
- Maverick Buying wird mit Strafe belegt
- flexible Rahmenverträge mit Lieferanten und Dienstleistern

Maverick Buying birgt Risiken für ein Unternehmen. Wenn etwa Dienstleister engagiert werden, die vom Einkauf für Geschäftsbeziehungen gesperrt wurden, entstehen Reputationsrisiken für das Unternehmen. Reputationsrisiko beschreibt das Risiko, dass dem Ansehen eines Unternehmens oder einer Abteilung in einem Unternehmen schaden kann. Auch unter Compliance-Gesichtspunkten stellt Maverick Buying eine Gefahr für Unternehmen dar, denn durch die fehlende Transparenz bei der Umgehung vom Einkauf, steigt die Gefahr von Korruption.

Als Kennzahl für den Anteil des Maverick-Buying in einem Unternehmen gilt die Maverick-Buying-Quote (MBQ):

$$MBQ = \frac{\text{Realisiertes Beschaffungsvolumen}}{\text{Mandatiertes Beschaffungsvolumen des Einkaufs}} * 100$$

Der BME beziffert die Maverick-Buying-Quote laut einer Umfrage im Jahr 2008 auf durchschnittlich 12 %. Eine hohe MBQ kann durch eine schlechte Einkaufsorganisation begründet sein. Die Bereitschaft den Einkauf zu umgehen kann steigen, wenn die Bedarfsträger mit den Leistungen des Einkaufs unzufrieden sind. Sehr viele Unternehmen streben danach MB zu unterbinden.

Eine erfolgreiche Maßnahme besteht darin, dass von der Kreditorenbuchhaltung nur noch Rechnungen beglichen werden, die eine Referenznummer des Einkaufs aufweisen.[34]

---

[34] Vgl. Wannenwetsch 2009, S. 182 ff.

5 Nachhaltigkeit

5.1 Ökologische Nachhaltigkeit im Veranstaltungsmanagement

Veranstaltungen – unabhängig welcher Art – haben gemeinsam, dass sie Einfluss auf die Umwelt nehmen. Somit wird der Bereich Nachhaltigkeit immer mehr zu einem wichtigen Thema und es stellt sich die Frage, wie negative Auswirkungen vermieden oder zumindest minimiert werden können. Diese Frage muss bereits bei der Konzeption und Vorbereitung von Veranstaltungen berücksichtigt werden und soll in Zukunft durch eine neue internationale Norm unterstützt werden, denn eine einheitliche Definition, bzw. einheitliche Standards existieren bisher in Deutschland noch nicht. Der Begriff Green Meetings ist seit einiger Zeit aus der Welt der Veranstaltungen nicht mehr wegzudenken. „Green Meeting" bezeichnet eine umweltgerechte Organisation von Veranstaltungen. Immer häufiger werden auch in Deutschland „Green Events" durchgeführt, die sich dadurch kennzeichnen, dass sie nachhaltige Ressourcen berücksichtigen und diese in ihrem Konzept verwenden. Das Meeting- & Eventbarometer 2009 des Europäischen Verbandes der Veranstaltungs-Centren e.V. (EVVC) bestätigt diese Aussage.[35]

Über die Hälfte der Befragten sieht die Themen Klimaschutz und Green Meetings als von zunehmender Bedeutung und bereits 15 % der Veranstalter lassen sich bei der Auswahl des Veranstaltungsortes vom Klimaschutz beeinflussen.

> **EMA S**
>
> europäisches Umweltmanagementsystem mit Fokus auf Gebäude, Organisationen, Institutionen; soziale Komponente wird nicht berücksichtigt.
>
> → Zielgruppe: Gesamte Wirtschaft

---

[35] Vgl. EVVC 2009

5 Nachhaltigkeit

	ISO 14001
	International ausgerichtetes Umweltmanagementsystem mit Fokus auf Gebäude, Organisationen, Institutionen; soziale Komponente wird nicht berücksichtigt.
	→ Zielgruppe: Gesamte Wirtschaft
	Green Globe
	unabhängiges Zertifikat für nachhaltigen Tourismus und Reisen; basiert auf international anerkannten Empfehlungen und Richtlinien.
	→ Zielgruppe: Tourismus Industrie
I N H A L T - Z I E L E	**BS 8901**
	Prozessbasierter Standard, welcher sich auf Events spezialisiert; Zertifiziert die Nachhaltigkeit der Veranstaltung basierend auf einem zuvor festgeschriebenen Prozess mit den Phasen Planung, Implementierung, Überwachung & Kontrolle
	→ Zielgruppe: Meeting Industrie
	APEX/ASTM
	Erster performancebasierter Standard, welcher auf Events spezialisiert ist, wird von US-amerikanischen Pendant der DIN-Organisation, CIC und der US-amerikanische Umweltschutzbehörde entwickelt. Veröffentlichung Ende 2009
	→ Zielgruppe: Meeting Industrie
	UNEP
	Unterteilt in 2 Sektionen:
	1. grundlegende Erläuterung und Rechtfertigung von Green Meetings
	2. Checkliste zur Umsetzung inkl. Empfehlung für nachhaltige Veranstaltungen bis max. 200 PAX; zielt auf die Minimierung
	→ Zielgruppe: Meeting Industrie

> **UBA/BMU**
>
> Unterteilt in 2 Sektionen:
>
> 1. generelle Erläuterung der einzelnen Anwendungsbereiche
>
> 2. Checkliste für Umsetzung; zielt auf die umweltverträgliche Organisation von Veranstaltungen und effizientes Ressourcenmanagement ab.
>
> → Zielgruppe: Meeting Industrie

Abbildung 8: Bestehende Normen

(Quelle: in Anlehnung an Matthias Schultze, Geschäftsführer GCB)

Durch eine bewusste und umweltgerechte Herangehensweise in der Planung der Veranstaltungen, entsteht ein Mehrwert für umweltbewusste Veranstalter, Aussteller und Besucher, die das neue Konzept umsetzen. So wird es im Leitfaden für Green Events der Climate Partner 2009 dargelegt.[36]

5.2 Dimension der Nachhaltigkeit

Laut EVVC beinhaltet die Nachhaltigkeit drei Dimensionen: die Ökonomie, die Ökologie und den sozialen Bereich, die unterschiedliche Aspekte berücksichtigen und unterschiedliche Zielsetzungen verfolgen. Bei der Ökonomie geht es um die Senkung von Betriebskosten sowie die effiziente Betriebsführung. Dies beinhaltet z. B. Technologien und den Umgang mit Ressourcen. Die Ökologie berücksichtigt den Einsatz von Umwelttechnik bzw. die Reduzierung des Verbrauchs an Ressourcen, wie z. B. Energie, Wasser, Abfall, Abfall oder Beleuchtung. Die Dimension Gesellschaft zielt auf eine stärkere Orientierung der betrieblichen Beschaffung an fairen und sozialen Kriterien sowie die Erhaltung bzw. Schaffung von Arbeitsplätzen und Mitarbeitermotivation.[37]

---

[36] Climate Partner 2009
[37] Vgl. EVVC 2009

5.3 Umsetzung der Nachhaltigkeit

Die Unterbringung der Teilnehmer, Energie und Klima, das Catering, das Abfallmanagement, der Umgang mit dem Element Wasser, die Kommunikation und viele weitere Bereiche werden heutzutage immer bewusster in Bezug auf die Natur und das soziale Umfeld angegangen. Das Thema Mobilität beschäftigt sich mit allen Wegen die seitens des Teilnehmers einer Veranstaltung vom Hotel zum Veranstaltungsort zurückgelegt werden müssen, sowie der An- und Abreise.

Durch die Fahrt mit der Bahn oder der Bildung von Fahrgemeinschaften, kann der Schadstoffausstoß deutlich reduziert werden. Diese Alternativen müssen den Teilnehmern jedoch erst nahe gelegt werden. Der Transport von Waren und Catering tragen beträchtlich zum hohen Emissionsausstoß bei. Aus diesem Grund sollten benötigte Waren und Lebensmittel – sofern möglich – aus der Region des Veranstaltungsortes bezogen werden.

Auf folgende Punkte kann vor Ort bei einer Veranstaltung Einfluss genommen werden, um den Schadstoffausstoß direkt zu reduzieren:

- Erreichbarkeit des Veranstaltungsortes geschickt wählen (Prinzip der kurzen Wege)
- Wahl der Veranstaltungszeiten (An- und Abreise mit Bus und Bahn sollte möglich sein)
- Einsatz von emissionsarmen Fahrzeugen vor Ort (z.B. Erdgasbusse oder Hybridfahrzeuge für Shuttle Service)
- Shuttleservice und Fahrgemeinschaften zwischen Unterkunft, Veranstaltungsort, Ankunfts- und Abreiseort

Die Bereiche Energie und Klima spielen bei der Auswahl der Konferenzräume, Hotels und der Mobilität eine entscheidende Rolle. Überall kann Energie eingespart werden, also auch bei der Belüftung oder Beheizung von Hotels oder Konferenz- und Tagungsräumen. Der Bereich Abfallmanagement beschäftigt sich vor allem um die ordnungsgerechte Entsorgung des anfallenden Abfalls, wie z.B. der Mülltrennung. Eine Reduktion des aufkommenden Abfalls ist durch den Einsatz von ökologisch vorteilhafter Verpackungen oder dem Einsatz von Por-

5 Nachhaltigkeit

zellangeschirr statt Plastikgeschirr realisierbar. Derzeit herrscht noch eine hohe Hemmschwelle zur Implementierung von Nachhaltigkeitsmaßnahmen.

Das Ziel hingegen muss es sein, dass eine Veranstaltung nicht nur bei einigen Aspekten den Umweltgedanken berücksichtigt, sondern, dass das Angebot ganzheitlich nachhaltig ausgerichtet wird. Hierzu muss jedoch erst das breite Bewusstsein für Green Events geschaffen werden.[38]

---

[38] Climate Partner 2009

DAMIT DAS BUCHEN NICHT LÄNGER DAUERT ALS DIE TAGUNG.

ICH RESERVIEHRS.

Unser Serviceversprechen an Tagungsorganizer:

- Individual-, Tagungs- und Gruppenbuchung online alles aus einer Hand
- Kostenloser telefonischer Buchungsservice
- Corporate Rabatte: bis zu 30% sparen
- Umfassende Kostenkontrolle mit den HRS Statistiken: Alle Einzelbuchungs- und Tagungsumsätze auf einen Blick
- Innovationsführerschaft durch Technologie

Optimieren Sie Ihre Tagungs- und Gruppenbuchungen mit HRS. Wir beraten Sie auch vor Ort, individuell und **kostenfrei: sales@hrs.de**

HRS
Das Hotelportal

6 Erstellung einer Veranstaltungsrichtlinie in der Praxis

6.1 Bisherige Situation

Die Planung einer Veranstaltung ist äußerst komplex, da bei der Planung, Organisation und Durchführung zahlreiche Verantwortliche – sowohl intern als auch extern – beteiligt sind. Man unterscheidet hierbei zwischen den internen Abteilungen, den externen Agenturen und den direkten Leistungsträgern. Diverse Abteilungen kaufen über mehrere Agenturen oder direkt bei den Leistungsträgern Events und Tagungen ein. Dies betrifft u. a. Flug, Bahn und Hotel sowie Locations, Technikfirmen, Künstleragenturen und Caterer.

Ablaufschema einer Veranstaltung

Ohne laufenden Informationsaustausch zwischen allen beteiligten Abteilungen und eine gute strukturierte Vorgehensweise ist eine erfolgreiche Veranstaltung schwer zu realisieren. Eine gute Teamarbeit kann das Ergebnisse der Veranstaltung positiv beeinflussen und zur Entstehung innovativer Ideen beitragen. Daher sollten regelmäßig Gespräche und Meetings mit allen Beteiligten sowie Fachkräften und Spezialisten stattfinden. Das Intranet sollte zum Informationsaustausch unbedingt genutzt werden, um Missverständnisse zu vermeiden. Auch der Einkauf muss von Anfang in den Informationsfluss integriert werden.

Der Ablauf einer Veranstaltung setzt sich aus unterschiedlichen Phasen zusammen: der Planungs-, Vorbereitungs-, Durchführungs- sowie der Nachbearbeitungsphase. Alle Phasen wiederum sind in mehrere Schritte und Zuständigkeiten unterteilt. Je präziser und detaillierter die Planung, desto größer ist die Erfolgschance Ihres Events.

Die Durchführung einer SWOT-Analyse (**S**trengths, **W**eaknesses, **O**pportunities und **T**hreats) in der Planungsphase ist ratsam. Diese Analyse hilft ein genaueres Bild der Zukunft und des Erfolges für das Unternehmen ausfindig zu machen. Hierbei werden die Stärken und Schwächen, als interne Faktoren und Chancen und Risiken als externe

Faktoren, die sich mit der Konkurrenz und der allgemeinen Umwelt beschäftigen, untersucht.

Doch wer plant und organisiert in den Unternehmen die Veranstaltung? Je nach Struktur und Aufbau einer Firmenorganisation können diese Aufgaben von der Marketingassistentin, dem Personalchef, dem Einkäufer oder dem Travelmanager übernommen werden. Andernfalls kann aber auch eine Abteilung – das Eventmanagement, das sich ausschließlich mit der Durchführung von Events befasst – die anstehenden Aufgaben erarbeiten. Wer auch die Veranstaltung plant, es gibt in jedem Unternehmen Mitarbeiter, die das notwendige Know-how haben und im Team die Veranstaltung zum Erfolg führen können.

Bestehende Verträge und Prozessabläufe, die im Unternehmen existieren, müssen immer berücksichtigt werden und es muss auf sie zurückgegriffen werden. Hilfe bieten Checklisten und auch Fortbildungen oder Workshops, welche zu den unterschiedlichen Themen angeboten werden.

Jede Veranstaltung, unabhängig von Größe und Art sollte nach einem festgelegten Schema ablaufen:

1. Planungsphase
2. Vorbereitungsphase
3. Durchführungsphase
4. Nachbearbeitung

6 Erstellung einer Veranstaltungsrichtlinie in der Praxis

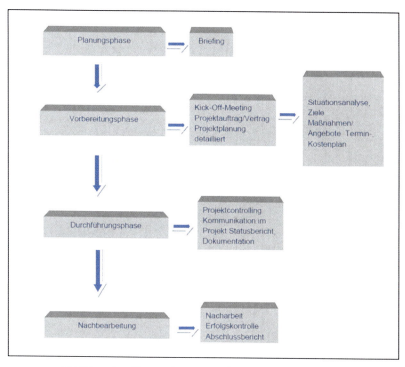

Abbildung 9: Phasen der Veranstaltungsplanung
(Quelle: eigene Darstellung)

Das Briefing

Die Basis jeder Veranstaltung ist das Briefing als Bestandteil des Organisationsablaufs. Das Briefing ist das wichtigste Instrument zur Abstimmung zwischen der Fachabteilung, dem Einkauf und den Leistungsanbietern. Je klarer und genauer das gemeinsame Verständnis und Wissen des Veranstaltungsablaufes ist, desto geringer ist die Möglichkeit von Fehlern, Nachforderungen und Minderleistung.

Das Briefing sollte folgende Fragen beinhalten:

- Aus welchem Zweck wird die Veranstaltung durchgeführt?
- Welche Teilnehmer sind erwünscht?
- Wie viel Geld darf investiert werden?

- Was wird den Teilnehmern geboten?
- In welchem Zeitraum soll die Veranstaltung stattfinden?
- Wie lange soll die Veranstaltung angesetzt werden?
- Welche Örtlichkeit soll für die Veranstaltung gewählt werden?
- Wer ist für welche Aufgaben bezüglich der Veranstaltung verantwortlich?
- Welche rechtlichen Vorgaben sind einzuhalten?
- Wie kann der Veranstaltungserfolg gemessen werden?

TIPP:
Ein frühzeitiges Einbeziehen des Einkaufes in das Briefing-Gespräch sichert eine Optimierung der Zusammenarbeit.

Hierbei sollten alle an dem Event beteiligten Abteilungen und Personen teilnehmen. (Denken Sie auch daran Stellvertreter zu benennen). Die Durchführung der Gespräche sollte anhand einer ausgearbeiteten Briefingliste (siehe Veranstaltungsfibel Schüller Verlag[39]) stattfinden. Bei diesem Gespräch muss das Ziel der Veranstaltung eindeutig bestimmt werden, denn je nach Ziel der Veranstaltung muss diese ausgerichtet werden. Je genauer das Ziel formuliert ist, desto besser kann die Planung darauf abgestimmt und der Erfolg am Ende gemessen und nachgewiesen werden. Das Ergebnis dieses Gespräches (angefangen bei der Programmplanung bis hin zum Rahmenprogramm) ist die Grundlage für jedes weitere Vorgehen.

Die Ergebnisse dieses Gespräches sollten im Anschluss an alle relevanten Abteilungen im Unternehmen und an die beteiligten Agenturen gesandt werden.

Die nachstehende Darstellung stellt ein mögliches Textdokument für die Veranstaltungsorganisation, -durchführung und -nachbearbeitung dar.

Je nach Liste ist es sinnvoll die Zuständigkeiten und Zeitvorgaben in den Formularen festzulegen.

---

[39] Bleile, Gerhard/Schüller, Kurt/Wiesner, Marcus, Veranstaltungsfibel, 2005

1. **Zuständigkeiten**
   1. Auftraggeber
   2. Abteilung
   3. Projektleiter / Ansprechpartner
   4. Vertreter
   5. Kostenstelle
   6. Kostenverantwortlicher
   7. Telefon
   8. Fax
   9. Mobil
   10. Email

   Aufgabenverteilung
   11. Wer legt die Tagungsinhalte verbindlich fest?
   12. Wer legt die Veranstaltungsorte fest?
   13. Wer beschafft interne Redner?
   14. Wer hat die Budgetverwaltung?
   15. Wer steuert den Personaleinsatz für die Veranstaltungen?
   16. Wer erstellt die Charts (Powerpoint, Overhead)
   17. Wer schließt Hotelverträge?

2. **Eckdaten**
   1. Terminvergabe/Zeitraum
   2. Anzahl und Dauer der Events
   3. Nur Tagesveranstaltung, oder Tages-/Abendveranstaltung
   4. Land/Region/Ort Erreichbarkeit mit Auto/Bahn/Flugzeug

3. **Zielgruppe**
   1. Personenzahl
   2. Aufteilung m/w
   3. Nationalität/Sprachen
   4. Altersgruppe von/bis
   5. Besondere Affinität/Tabus der Zielgruppe
      Zusammensetzung der LDn
   6. Events mit welchen Zielsetzungen/Inhalten wurden bereits für die Zielgruppe durchgeführt?
   7. Wiederholung erwünscht

4. **Die Zielsetzung**
   1. Zu erreichende Ziele
   2. Zu vermittelnde Inhalte

Abbildung 10: Beispiel für eine Briefingcheckliste

Die nachfolgenden vier Phasen – Planungsphase, Vorbereitungsphase, Durchführungsphase, Nachbearbeitungsphase – eines Veranstaltungsorganisationsablaufes sind nur Beispiele der einzelnen Planungsschritte. Jedes Unternehmen kann diese Phasen nach eigenen Bedürfnissen und Gegebenheiten individuell anpassen oder ergänzen. Die hier aufgezeigten Schritte können nur als Anhaltspunkte für diese Art Planung dienen.

Planungsphase

Der Erfolg einer Veranstaltung hängt grundlegend von der Planung ab. Je präziser und detaillierter die Planung, desto größer ist die Erfolgschance des Events. Die Planungsphase beschäftigt sich primär mit den Punkten Zielsetzung, Zielgruppe, Themenwahl, Teilnehmerzahl und auch Budget.

Die Planungsphase setzt sich aus 6 Schritten zusammen:

1. Jede Veranstaltung bedarf eines gut durchdachten Konzeptes, das am besten z. B. durch ein Brainstorming erstellt werden kann. Verantwortlich hierfür ist der Budgetverantwortliche. Die Geschäftsführung ist in dieser Phase lediglich bei der Zustimmung der Konzeption aktiv.

2. Der Budgetverantwortliche muss nun die entsprechenden Ziele festgelegen.

3. Gemeinsam mit dem Veranstaltungsmanagement wird durch den Budgetverantwortlichen das Budget für die Veranstaltung festgelegt. Das Veranstaltungsmanagement hat gegenüber allen anderen Instanzen in dieser Phase die meisten Tätigkeiten auszuführen.

4. Nachdem nun das Konzept, Budget und die Ziele festgelegt sind, wird nun von dem Veranstaltungsmanagement der Ablauf der Veranstaltung festgelegt und durch den Budgetverantwortlichen verabschiedet.

5. Das Veranstaltungsmanagement muss nun die Grobkalkulation durchführen und das – gemeinsam mit dem Projektverantwortlichen erstellte – Briefingformular freigeben. Der Budgetverantwortliche muss zustimmen, Einkauf/Procurement sowie Controlling werden informiert.

6. Zum Schluss der Planungsphase werden alle Eventdaten durch das Veranstaltungsmanagement in ein System eingegeben und festgehalten. Diese Daten können somit von jedem Berechtigten jederzeit eingesehen werden.

Tabelle 1: Planungsphase

	1. Schritt Brainstorming Konzeption	2. Schritt Ziele festlegen	3. Schritt Budget festlegen	4. Schritt Abläufe festlegen	5. Schritt Grobkalkulation Freigabe des Briefingformulars	6. Schritt Eventdaten in das System eingeben
Geschäftsführung	Stimmt zu					
Budgetverantwortlicher	Führt aus	Führt aus	Führt aus	Stimmt zu	Stimmt zu	
Veranstaltungsmanagement			Führt aus	Führt aus	Führt aus	Führt aus
Einkauf, Procurement					Wird informiert	
Controlling					Wird informiert	
Lieferant						

Folgende Punkte müssen hinsichtlich der Kostenübernahme geklärt werden:

- Was wird übernommen?
- Komplett oder nur bestimmte Kosten
- Gästekosten
- Etat gesamt
- Etat pro Teilnehmer
- Reisekosten
- ÜN Kosten
- Bewirtung
- Technik

- Drucksachen
- Rahmenprogramm
- Checkliste hinterlegen (Veranstaltungen)

Vorbereitungsphase

Nachdem nun die Planung der Veranstaltung abgeschlossen ist, folgt nun die Phase der Veranstaltungsvorbereitung. Diese wird von dem Veranstaltungsmanagement und dem Einkauf/Procurement durchgeführt.

Folgende Schritte müssen berücksichtigt werden:

1. Eine erfolgreiche Veranstaltung bedarf auch der geeigneten Lieferanten/Dienstleister. Daher ist eine Lieferantenvorselektierung wichtig.
2. Im Anschluss werden – notfalls anhand einer Ausschreibung – geeigneten Lieferanten gebrieft und die entsprechenden Angebote angefordert.
3. Die abgegebenen Angebote werden geprüft und verglichen.
4. Auch die rechtlichen Rahmenbedingungen müssen geprüft werden.
5. Den Abschluss der Vorbereitungsphase bildet die Abwicklung der Bestellung.

Tabelle 2: Vorbereitungsphase

	1. Schritt Lieferanten vorselektieren	2. Schritt Briefing und notfalls Ausschreibung durchführen	3. Schritt Angebote vergleichen	4. Schritt Rechtliche Rahmenbedingungen prüfen	5. Schritt Bestellungen abwickeln
Geschäftsführung					
Budgetverantwortlicher					
Veranstaltungsmanagement	Führt aus	Führt aus	Führt aus	Führt aus	Führt aus
Einkauf, Procurement	Führt aus	Führt aus	Führt aus	Führt aus	Führt aus
Controlling					
Lieferant					

Planungsmittel einer Veranstaltung:

- Hotel (Internet, Hotelführer, eigene Datei)
- Technik (Erfahrungen aus der Vergangenheit, Internet)
- Food & Beverage
- Reisen
- Rahmenprogramm und Begleitperson
- Transfer

TIPP:

Es ist auch hier von Vorteil, wenn Sie über ein elektronisches Bestellwesen verfügen, das Ihnen eine laufende Prozesskontrolle und jederzeit eine Übersicht über den Stand der Bestellungen ermöglicht. Auch bei Eingang und Überprüfung der Rechnungen nach Veranstaltungsende erleichtert ein solches System Kontrolle und das Vergleichen der Daten. Berücksichtigt werden müssen dabei bestehende Reiserichtlinien, Einkaufsbedingungen des Unternehmens, Standardverträge, Kooperationen und Einkaufsverbünde.

Zu der Vorbereitungsphase gehören – nach der Auswahl der Lieferanten und deren Beauftragung auch noch folgende Aspekte:

- Einladungsprozess
- Anmeldeverfahren und Bestätigen
- Hotelauswahl und direkte Buchungsmöglichkeiten
- Hotelbestätigung
- Angebote von Rahmenprogrammen und deren Bestätigung
- Buchung von Begleitpersonen
- Reisevorschläge mit Preisen und Verfügbarkeiten
- F&B-Verwaltung
- Technische Daten
  - Raumgröße und Bestuhlung
  - Je nach Art der Veranstaltung, parlamentarisch oder Theaterbestuhlung
  - Breakout Räume
  - Vorhandene und gewünschte Technik abfragen
- Rahmenprogrammvorschläge
- Personalverwaltung: wer kümmert sich um was?

Weitere wichtige Entscheidungen:

- Arbeits- und Ablaufpläne erstellen
  - Online-Programme
  - Mit allen Daten, Termine, Stornokonditionen, Depositzahlungen, Verantwortungsbereich, Technikdaten, Agenturdaten, F&B
  - Budget mit Hinweis auf Abweichungen vom Budget
  - Rückwärtsplanung
  - Nach Erstellen des Planes überprüfen der Daten ausgehend vom Veranstaltungstermin
  - Kontakt falls nötig mit Behörden und Versicherungen

- Ausstattung festlegen
  - Welche Dekoration, Blumenschmuck, Fahnen
  - Ausschilderung, CI

TIPP:

Auch bei der Anmeldung zu einer Veranstaltung ist ein Online-Tool ein idealer Begleiter. Bei diesen Systemen kann der Teilnehmer seine Anmeldung selbst durchführen, er kann sein Hotel buchen und auch seine vorgegebenen Reisevorschläge aussuchen und buchen. Sie können auch unterschiedliche Einladungstexte für Führungskräfte und Mitarbeiter in das Netz stellen. Durch ein Online-Tool verfügen alle an dem Projekt Beteiligten über den gleichen Informationsstand, schnelle Korrekturen und Ergänzungen sind möglich.

Nachstehend ist ein Anfrageformular angehängt, das sich mit der „Event-Documentation-Form"[40] beschäftigt. Das Formular stellt eine erste Kurzabfrage zur Angebotsabgabe dar. Ziel ist es, mithilfe dieses Formulars, die Effizenz bei der Angebotsabfrage zu steigern, sowohl zugunsten des Veranstalters als auch des Kunden.

Teilnehmer-Management

Das Teilnehmermanagement beschäftigt sich sowohl mit der Erhebung, Verarbeitung, Verwaltung und quantitativen Auswertung von veranstaltungsrelevanten Teilnehmerdaten als auch der Kommunikation mit den Teilnehmern. Es schließt weiterhin die Planung, Koordination und Kontrolle von sämtlichen Ressourcen und Aktivitäten ein, die den Teilnehmer einer Veranstaltung direkt betreffen. Teilnehmermanagement umfasst jegliche teilnehmerbezogene Maßnahme vor, während und nach der Veranstaltung.

Als Teilnehmer werden alle während einer Veranstaltung anwesenden und in verschiedenen Funktionen agierenden Personen bezeichnet.

Es werden hierbei Daten erhoben, verwaltet und ausgewertet. Achtung: Zu beachten ist bei dem Teilnehmermanagement immer der Datenschutz.

---

[40] VDR, Verband Deutsches Reisemanagement e. V.

Für den Einsatz eines Teilnehmermanagement-Tools (z. B. colada) sollte eine eigene Domäne verwendet werden (Thema Glaubwürdigkeit). Die Zustimmung für die Datenverwendung muss vorher schriftlich eingeholt werden.

Vorteile eines Teilnehmer-Management-Tools:

- Abschied von Excel
- mehr web-basierte IT
- besserer Zugriff für Alle
- höhere Rücklaufquoten (fast 100%, bei Faxanmeldung ca. 25%)

Durchführungsphase

Nachdem nun die Veranstaltung komplett geplant und vorbereitet ist, steht nun die Durchführung der Veranstaltung an. Sie wird gemeinsam vom Veranstaltungsmanagement und den entsprechenden Dienstleistern durchgeführt. Der Budgetverantwortliche wird über den Verlauf der Veranstaltung informiert. In der Durchführungsphase muss schon vorher alles besprochen und geklärt sein. Sie sollten in dieser Phase nur noch überraschende nicht geplante Aktivitäten organisieren. Denn: Je besser die Vorbereitung, desto weniger Überraschungen.

Folgende Punkte müssen während einer Veranstaltung beachtet/ durchgeführt werden:

- Hospitality Desk (Checkliste)
- Evaluation (Ziele überprüfen – Fragebogen – online)
- Organisation des Betreuungsteams
- Personalbriefing
- Materialanlieferung
- Hotel und Technik checken anhand von Listen
- Transfer und Betreuung von Gästen

- F&B-Bereich wie schon besprochen
- Referenten-Betreuung
- Ablaufbesprechung

TIPP:

Erstellen Sie einen Handlungsablauf mit Zeitangaben, den einzelnen Schritten, Vertretungen und Telefonnummern.

Machen Sie jeden Abend oder Morgen eine Regie- und Ablaufbesprechung mit allen Beteiligten und sprechen Sie eventuell aufgetretene Problem offen an.

Wichtig hierbei ist die laufende Kontrolle und Überprüfung der in der Checkliste vorgegebenen Punkte. Auch hierbei hilft ein IT-Programm, indem Sie schnell und einfach, Änderungen der Teilnehmernamen, der Namensschilder oder von neuen Teilnehmer ausdrucken können. Sie können dem Hotel kurzfristig die für das Essen notwendigen Teilnehmer nennen.

Selbst Eingangskontrollen und Zutrittsdaten sind mit diesen Tools jederzeit möglich an zu wählen (Barcode oder Transpondermodelle).

Tabelle 3: Durchführungs- oder Realisierungsphase

	1. Schritt Lieferanten vorselektieren
Geschäftsführung	
Budgetverantwortlicher	Wird informiert
Veranstaltungsmanagement	Führt aus
Einkauf, Procurement	
Controlling	
Lieferant	Führt aus

Nachbearbeitungsphase

Im Anschluss an die erfolgreiche Veranstaltung steht nun die Nachbearbeitung an, bei der fast sämtliche beteiligten Abteilungen involviert sind.

1. In einem ersten Schritt wird durch das Controlling die Abrechnung durchgeführt. Rechnungen müssen geprüft werden. Alle Rechnungen sollten innerhalb von 2 Wochen bei Ihnen vollständig eingegangen sein. In der Nachbearbeitung werden weiterhin die vorher festgelegten Ziele mit den zur Verfügung stehenden Möglichkeiten überprüft. Ein Soll-Ist-Vergleich wird durchgeführt. Dieser Vergleich ist hilfreich um herauszufinden, wie gewirtschaftet wurde.

   TIPP: In dieser Phase bietet sich der Einsatz einer Meeting Solution Card (z. B. die Air Plus Meeting Solution) als eine intelligente Abrechnungslösung für Ihr Veranstaltungsmanagement an.

2. Die Berichte, wie z. B. die Bewertung der Lieferanten werden vom Budgetverantwortlichen und dem Veranstaltungsmanagement ausgeführt und das Controlling wird informiert.

3. Das Veranstaltungsmanagement führt das Feedback durch und der Einkauf sowie der Lieferant bekommen Feedback über ihre Leistung bezüglich der Veranstaltung. Die Nachbearbeitung befasst sich weiterhin mit dem Feedback der Teilnehmer durch Evaluierungsbögen – per E-Mail oder per Post. Oftmals kommt die Veranstaltung beim Kunden anders an als gedacht oder erwartet, daher ist die Meinung der Besucher Business-to-Business- oder eine Business-to-Consumer-Veranstaltung, von großer Bedeutung.

4. Die Lieferantenbewertung wird nach Erstellung durch die Verantwortlichen vom Einkauf durchgeführt.

In der Nachbearbeitung wird weiterhin eine firmeninterne Auswertung angestellt, eine Nachbesprechung mit allen Beteiligten über die Veranstaltung binnen einer Woche, ein Dankeschön-Brief an die Referenten, Meinungsbildner und Leistungsträger gesendet und gegebenenfalls auch Kritik geübt mit Beilage der geforderten Änderungen bei der nächsten Veranstaltung.

Außerdem wird in der Nachbearbeitung die Zeitplanung diskutiert. Verlief die Veranstaltung nach angesetztem Zeitplan, oder war die Zeit zu kurz einkalkuliert? All diese Gedanken müssen durchgespielt und notiert werden um gegebenenfalls beim nächsten Mal Fehler zu vermeiden.

Tabelle 4: Nachbearbeitungsphase

	1. Schritt Abrechnung durchführen	2. Schritt Berichte	3. Schritt Feedback	4. Schritt Lieferantenbewertung
Geschäftsführung				
Budgetverantwortlicher		Führt aus		
Veranstaltungsmanagement	Stimmt zu	Führt aus	Führt aus	Stimmt zu
Einkauf, Procurement	Stimmt zu		Wird informiert	
Controlling	Führt aus	Wird informiert		
Lieferant			Wird informiert	

6.2 Wertschöpfungspotenziale

Jede der beteiligten Parteien bietet zahlreiche Wertschöpfungspotenziale.

1. interne Abteilungen → interne Optimierung der Ablaufprozesse

2. externe Agenturen → Zusammenarbeit mit Mittlern

3. Leistungsträger → direkte Kosten

Eine Optimierungsmöglichkeit ist z. B. die Einrichtung einer internen Eventagentur. Die interne Agentur kann sowohl aus Mitarbeitern des Kunden, als auch aus externen Mitarbeitern bestehen.

Eine interne Agentur kann auch von einem externen Partner betrieben werden. Somit wäre ein Zugriff auf das Agentur-Know-how möglich und von den externen Leistungsträgern könnten Provisionen eingenommen werden.

6.3 Vorgehensweise zur Einrichtung von Veranstaltungsrichtlinien

Wenn eine Veranstaltungsrichtlinie in einem Unternehmen fest etabliert und verankert werden soll, bedarf es zunächst der Zustimmung und Unterstützung der Geschäftsführung. Für eine erfolgreiche Einführung ist aber weiterhin auch ein Konsens aller Abteilungen notwendig, die davon betroffen sind. Erst dann wird der Datenaustausch eingeleitet, wobei sämtliche nötigen Daten, wie z. B. bisherige Veranstaltungen und Dienstleister, Zuständigkeiten und Einkaufskonditionen erfasst werden. Diese erfassten Daten müssen nun eingegeben, erfasst und gepflegt werden. Im Anschluss werden Regeln und Verantwortlichkeiten zwischen den Abteilungen Event- und Travelmanagement sowie dem Einkauf festgelegt. Es gilt genau festzuhalten, wer welche Tätigkeiten ausübt, bzw. wer wofür verantwortlich ist. Auch bereits existierende Richtlinien müssen in die Planung eingebunden werden, um Kostensenkungsmaßnahmen realisieren zu können. Nachdem die Verantwortlichkeiten genau definiert sind, muss entschieden werden, welches System man benutzt, um alle Daten und Fakten zu erfassen. Weiterhin müssen sämtliche Vorgehensweisen und Prozesse, wie z. B. Beauftragungen von Dienstleistern und Angebotserstellung unter Einbezug bestehender Firmenrichtlinien abgebildet werden. Die gefragten Veranstaltungen und zugehörigen Leistungsanforderungen mit Blick auf die Dienstleister müssen definiert werden, bevor Briefinglisten zur Durchführung erstellt werden. Im nächsten Schritt werden alle Daten erfasst.

Dies ist umsetzbar durch ein Anschreiben an alle beteiligten Abteilungen, mit der Aufforderung sämtliche Veranstaltungen zu erfassen z. B. Meetings, Tagungen und Seminare inklusive Datum, Ort, Teilnehmer und Kosten. Auch alle Leistungsträger und Gewerke werden nun angefragt, die Informationen über bestehende Verträge, Umsätze, Bezahlung, Veranstaltungsliste u. v. m. bereitzustellen. Es ist wichtig, eine Datenerhebung über den Einkauf aller Leistungsträger, wie z. B. Hotels und Agenturen, durchzuführen. Eine weitere Möglichkeit der Datenerhebung ist die laufende Erfassung aller Veranstaltungen in einem Masterkalender mit allen Daten. Das Problem dabei ist, dass diese Art der Datensammlung mehrere Monate dauert. Jede Richtlinie sollte präzise und eindeutig formuliert werden. Auf diese Weise können die Vorgaben nicht variiert werden und keine unterschiedlichen Veranstaltungsrichtlinien innerhalb einer Organisation entstehen, denn wenn das der Fall ist, kann man die eigentliche Richtlinie als nutzlos bezeichnen. Um diesem Fall vorzubeugen, wird die Richtlinie präzise mit „muss" formuliert und nicht mit „kann" oder „soll".[41]

6.4 Erstellung einer Lieferantenliste

Da bei jeder Veranstaltung zahlreiche Lieferanten involviert sind, ist die Erstellung einer Lieferantenliste – in Form einer Datenbank – für einen strukturierten Überblick notwendig. Diese Datenbank mit Suchfunktion beschleunigt die Recherche. Wenn nicht nur die Daten der bevorzugten Lieferanten eingegeben werden, kann die Lieferantenliste helfen, die jeweils preiswerteste Einkaufsoption zu finden. Es ist wichtig, möglichst viele Lieferanten – mit denen in vorherigen Veranstaltungen eine optimale Zusammenarbeit stattgefunden hat – vorzumerken. Somit kann für die nächste Veranstaltung ein weiteres Geschäft mit einem der präferierten Lieferanten abgewickelt werden.

Top-Lieferanten können farbig markiert werden und vereinbarte Tarife und Vertragslaufzeiten bei Bedarf angezeigt werden. Die Einbindung sämtlicher externer Dienstleister – gerade im Agenturbereich – ist ein ebenso wichtiger Punkt der Lieferantenliste. Des Weiteren sollten vorherige interne Qualifikations- und Qualitätsmerkmale definiert und laufend überprüft werden. Zudem muss die Einkaufsabteilung auf die Veranstaltungsleistung spezialisiert sein, denn sonst wird oftmals keine optimale Relation zwischen Leistung und benötigtem Budget erzielt. Leider ist dies aber oft nicht der Fall.

---

[41] Vgl. Bleile 2010, S. 8 ff

6.5 Lieferantenmanagement und Lieferantenauswahl

Um herausfinden zu können, welcher Dienstleister der geeignete ist, muss jeder Einzelne aufgefordert werden, eine Kalkulation abzugeben. Um diese jedoch korrekt und detailliert abgeben zu können, benötigt der Dienstleister sowohl das Veranstaltungskonzept als auch sämtliche wichtigen Informationen zur Veranstaltung. Hierzu zählen jegliche Hintergrundinformationen, eine Aufzählung aller Kosten, die in der Kalkulation enthalten sein sollen. Hintergrundinformationen enthalten notwendige Informationen über den eigenen Konzern, die Organisation oder das Unternehmen:

- Name des Unternehmens
- Bezeichnung des Meetings
- Kontaktdaten
- Ort, an dem das Meeting stattfindet
- Budget, das für das Meeting zur Verfügung steht
- Termin des Meetings
- Ziele des Meetings
- Erwartete Teilnehmerzahl
- Profil der Teilnehmer – besonders wichtig, wenn der Anbieter ein Unterhaltungsprogramm organisieren soll
- Orte, an denen bisherige Meetings stattfanden und damaliger Ablauf – So erfährt der Dienstleister Nützliches zu Trends
- Datum der Angebotsabgabe, Tag der Entscheidung und die Kriterien anhand derer entschieden werden soll.

Für die Angebotsabgabe sollte ab dem Versand der Anfrage mindestens 10 Tage Zeit bleiben.

Die Angebotsanfragen sollten immer schriftlich abgegeben werden. Wichtig ist, dass alle ausgewählten Dienstleister die gleichen Informationen bekommen, denn nur dann können die jeweiligen Angebote genau miteinander verglichen werden.

Des Weiteren können folgende Fragen gestellt werden: [42]

- Welche Art von Transportmöglichkeiten zum Flughafen oder Bahnhof gibt es?
- Ab welcher Buchungshöhe bekommt man ein kostenloses Zimmer?
- Wie werden Buchungen bearbeitet?
- Wie wird die Belegungsübersicht erstellt?
- Wie sehen die Stornobedingungen aus?
- Fallen Zusatzgebühren für die Beauftragung externer Anbieter oder Lieferanten an und wenn ja, in welcher Höhe?

6.6 Controlling

Ein wichtiger Bestandteil ist die Einbindung des Controllings. Das Controlling begleitet die Veranstaltung von Anfang an und steuert die wichtigsten Schritte.

Kontinuierliche Analysen der Gesamtumsätze und der wesentlichen Hauptkostenverursacher im Veranstaltungsbereich werden bewertet. Diese Bewertung erfolgt beim Einsatz einer zentralen Abrechnungslösung (wie z. B. der Air Plus Solution) auf Basis kostenbezogener Detailinformationsauswertungen. Dabei werden einheitliche Kostenschlüssel geschaffen, um eine transparente Zuordnung der einzelnen Kostenblöcke möglich zu machen. Im Controlling werden weiterhin Detailkosten separat erfasst und es wird ein Soll-Ist-Vergleich erstellt. Dieser ist notwendig, wenn ein Berichtswesen einer Veranstaltung erstellt wird, denn dort fließen sämtliche Eventkosten mit ein. Des Weiteren ist eine einheitliche Eingabe der Veranstaltungsleistungen im System nach Veranstaltungsnummer, Ort, Datum, Teilnehmerzahl usw. wichtig. Je eindeutiger/detaillierter die Erfassung aller Daten durchgeführt wird, desto genauer können der Erfolg und der Gewinn gemessen werden.[43]

---

[42] Vgl. Friedmann 2008, S. 192
[43] Vgl. Bleile 2010, S. 10 ff.

7 Gefahren der Steuerung des Eventmanagements durch Richtlinien

Die inhaltliche Konzentration von Veranstaltungsrichtlinien liegt klar bei der Wirtschaftlichkeit, dem Kosten- Nutzen- und dem taktisch operativen Bereich. Sicher lohnt es sich Kostenstellen zu vergleichen, gerade in wirtschaftlich schwierigen Zeiten, allerdings gibt es Bereiche bei der Organisation von Veranstaltungen, wo dies nicht zutreffen kann.

Wenn im Rahmen von Veranstaltungen Neuheiten präsentiert und Markenwelten inszeniert werden, darf der Fokus nicht im taktisch operativen Bereich liegen, da die Marke bei ihrer Einführung eine gelungene und große Inszenierung benötigt, um die entsprechende Aufmerksamkeit zu erhalten. Strategische Ziele und Kreativität stehen bei der Inszenierung von Markenwelten ganz klar im Vordergrund.

Bei der Präsentation von Neuheiten und Inszenierung von Markenwelten können Veranstaltungsrichtlinien trotzdem zum tragen kommen, allerdings müssen dann einzelne Teile, wie z. B. das Catering, Transfers oder Unterkünfte aus der Gesamtkonzeption ausgelagert werden. Die Kreativität und die Konzeption der eigentlichen Inszenierung werden aus den Richtlinien komplett ausgelagert. Hierfür wird ein Budget vereinbart, das zur freien Verfügung steht, um die gewünschte Kommunikationswirkung zu erhalten.

Die folgende Graphik stellt die Anordnung dar, um Veranstaltungen und Inszenierungen erfolgreich zu gestalten.

Abbildung 11: Anordnung der Inszenierung von Veranstaltungen
(Quelle: eigene Darstellung)

Wenn man in der Graphik die Fachabteilung Marketing/Eventmanagement mit der Abteilung Einkauf/kaufmännische Leitung tauscht, dann würde die Kreativität aussterben.

Durch zu wirtschaftliches Denken bei der Konzeption und der Kreativität, kommt die Effektivität und die erlebnisorientierte Kommunikationswirkung zu kurz.

8 Erfolgsfaktoren für die Erarbeitung von Richtlinien

Bislang existieren fast nirgendwo Veranstaltungsrichtlinien, aber der Trend entwickelt sich natürlich in diese Richtung, da das veränderte wirtschaftliche und politische Umfeld Unternehmen nun dazu zwingt, die einzelnen Ausgabenpositionen zu erfassen und auf ihre Notwendigkeit zu prüfen. Mit Sicherheit wird in den nächsten Jahren das Thema Veranstaltungsrichtlinien in den Fokus des Eventmanagements Rücken. Die Zeiten in denen Veranstaltungsmanager großer Unternehmen für das jeweilige Event alles einkaufen konnten, ohne auf die Kosten achten zu müssen, sind vorbei.

Die Erstellung und Implementierung einer Veranstaltungsrichtlinie ist sehr mühsam und mit viel Arbeit verbunden. Es wird noch Jahre dauern, bis dieses Thema vollständig erforscht und entwickelt ist, ähnlich wie bei den Reiserichtlinien, wo es knapp 30 Jahre gedauert hat, bis diese ihre endgültige Relevanz und Akzeptanz erfahren haben.

Die Einführung von Veranstaltungsrichtlinien ist in jedem Fall sehr sinnvoll, da durch die genaue Aufteilung von Aufgaben und Verantwortlichkeiten eine absolute Konfliktfreiheit garantiert wird. Voraussetzung dafür ist, dass jeder Beteiligte die Richtlinien beachtet. Dies lässt sich allerdings nur sicherstellen, wenn eine Beachtung der Richtlinien im Arbeitsvertrag als Klausel aufgeführt ist. Wenn nach Richtlinien gearbeitet wird, bleibt fast kein Platz für Korruption oder Bestechung, was den Effekt hat, dass der Wettbewerb fair verläuft.

Von der wirtschaftlichen Sichtweise lohnen sich Veranstaltungsrichtlinien für Unternehmen auf jeden Fall, da durch einheitliche Arbeitsabläufe und Vergleiche zwischen einzelnen Dienstleistern oder Zulieferern viel Zeit und Kosten gespart werden können. Es kann kritisiert werden, dass Veranstaltungsmanager und sonstige Beteiligte der Veranstaltungsorganisation durch die verschärften Regeln, Kontrollen und Ausgabentransparenz in ihrer Kreativität eingeschränkt werden. Fakt ist aber, dass sich der Markt und die Möglichkeiten in den letzten Jahren sehr erweitert haben, dass es sich durchaus lohnt Kostenstellen zu vergleichen und das Thema Nachhaltigkeit mit einzubeziehen, was schon aus Imagegründen einen sehr positiven Effekt mit sich bringt.

Im Folgenden sollen hier die Erfolgsfaktoren kurz angeführt werden, die bei der Einführung von Veranstaltungsrichtlinien beachtet werden sollten:

- Gemeinsame Erarbeitung von Veranstaltungsrichtlinien durch die Fachabteilung Marketing, Eventmanagement und der Einkaufsabteilung.

- Vorrang für das strategische Ziel der Erreichung von Kommunikationswirkungen und für Kreativität bei der Inszenierung von Markenwelten unter Berücksichtigung von Effizienz und Kosten-Nutzen-Fragen.

- Sicherstellung von Compliance Maßnahmen, die das regelkonforme Verhalten eines Unternehmens im Hinblick auf alle gesetzlichen Gebote und Verbote, ethische Normen und Werte sowie vom Unternehmen selbst gesetzte Standards und Leitlinien begründen.

- Überlegung, ob eine Leistung von außen gekauft wird, oder ob man diese in Eigenleistung erbringen kann, unter Berücksichtigung der intern anfallenden Kosten, die im Vergleich zu Fremdbezugskosten anfallen.

Da bisher kaum Veranstaltungsrichtlinien existieren, bzw. implementiert wurden, steht in Unternehmen für die Zukunft ein äußerst interessantes Handlungsfeld offen.

9 Fazit

Das Resümee aus den Inhalten des Leitfadens zur Erstellung einer Veranstaltungsrichtlinie lässt sich auf zwei Entscheidungsfragen und deren Vorgehensweise eingrenzen:

Erstens:

Sie haben bereits eine Veranstaltungsrichtlinie und arbeiten damit, dann sollten Sie den Inhalt dieser Richtlinie mit der Ihrer Richtlinie vergleichen, prüfen und gegebenenfalls Anregungen für aktuelle Veränderungen verwenden. Jedes Unternehmen wird eine auf die Bedürfnisse und eigenen Belange zugeschnittene Richtlinie verwenden. Wichtig ist, dass die Richtlinie die wesentlichen Anforderungen an die Ziele erfüllt.

- Kostensenkung durch Prozessoptimierung
- Nutzung vorhandener Einkaufspotenziale und Know-how
- Durchführung erfolgreicher Veranstaltungen

Zweitens:

Sie haben noch keine Veranstaltungsrichtlinie in Ihrem Unternehmen. Dann sollten Sie die nachfolgend beschriebenen notwendigen Schritte zur Einführung von Veranstaltungsrichtlinien in Ihrem Unternehmen ausführen:

1) Entscheidungsfindung für die Einführung durch:

- Benchmark
- Druck auf die Kosten
- Unklare Abläufe im Unternehmen
  - Keine Steuerung
  - Kein Controlling
  - Keine zuverlässigen Auswertungen
  - Keine Standards
  - Keine Nutzung der bevorzugten Lieferanten

- Unzufriedenheit mit dem Ergebnis der Veranstaltungen
- Interne Struktur verändern
- Beispiel Einführung Reiserichtlinien

2) **Wer kann helfen und wie gehe ich weiter vor wenn einer der oben genannten Gründe zutrifft.**

- Zustimmung der GF für die Einholung von Angeboten zur Erstellung einer Richtlinie
- Bildung eines Team aus den beteiligten Abteilungen Veranstaltungsabteilung, Travel, Einkauf (wer bisher Veranstaltungen durchgeführt hat)
- Dokumentieren warum es Sinn macht und welche Vorteile das Unternehmen mit der Einführung von Richtlinien hat
  - Kostensenkung
  - Klare nachvollziehbare Abläufe
  - Synergie Effekte
- Darstellung der gewünschten Anforderungen an die Leistungsträger z. B. Erfassung der Ausgaben und Transparenz durch Datenerfassung
- Neustrukturierung des Beschaffungsprozesses muss eine Bündelung des Volumens und evidenzbasierte Entscheidungen möglich machen
- Einsparungen durch Steuerung zu bevorzugten Leistungsträger
- Ausschreibung – suchen auf dem Markt nach Lösungen
- Empfehlung von Kollegen
- Was und wie macht es die Konkurrenz
- Suche nach einer externen Agentur mit speziellem Know-how
- Entscheidung nach Rücksprache mit den beteiligten Personen für den einen Weg

3) *Erfassung der notwendigen Daten und Zahlen um einen Überblick zu bekommen (falls vorhanden) wie z. B. Hotels, F&B Bereich, Technik, und alle mit Veranstaltungen zusammenhängende Leistungsträger. Es gibt drei Vorgehensweisen:*

- Erfassung aller Daten anhand der Rechnungen sehr aufwendig und mühsam seit einem ½ Jahr oder die

- Erfassung nur der neuen Daten anhand von vorgegebener Projektnummer und Kostenstelle.

- Nutzung einer zentralen, kartengestützten Abrechnungslösung (z. B. Air Plus Solution), welche solche Daten automatisiert liefert.

4) *Nach Erfassung aller Daten interne Prozessabläufe überprüfen und notfalls verändern, danach gemeinsames Vorgehen und Implementierung der notwendigen Schritte mit den betroffenen Abteilungen (jeder sollte seine Kompetenz und Know-how mit einbringen).*

- Festlegung mit welcher Software diese Installation erfolgen soll. Vorhandene oder neue IT. WICHTIG: ohne eine IT Lösung für die Bestellungen und Prozessabläufe ist die Einführung einer Veranstaltungsrichtlinie nicht sinnvoll.

- Einladung der ausgewählten Anbieter nach Angebotsabgabe

- Bewertung nach Kriterienkatalog und Kriterien

- messbar machen und die besten 3 auswählen

- Persönliche Präsentation

- Überarbeiten und bewerten

- Entscheidung je nach Bedarf (komplett oder nur teilweise)

5) *Die Erstellung einer Veranstaltungsrichtlinie muss unabhängig von der Entscheidung MAKE or BUY getroffen werden.*

6) *(Ob MAKE or BUY muss anhand der eigenen Ressourcen und des Know-how im Unternehmen getroffen werden. Auch die teilweise Auslagerung bestimmter Aufgaben ist möglich.*

7) Ein wesentlicher Beitrag zum Erfolg einer Veranstaltung ist der Einsatz von Briefing/Checklisten.

- Diese Briefing/Checkliste ist die Basis jeder Teambesprechung am Anfang einer Veranstaltung (eine Agentur kann nur so gut sein wie das Briefing ist).
- Diese Liste muss alle relevanten Fragen zur Veranstaltung beinhalten. Dabei werden die einzelnen Zuständigkeiten und Verantwortlichkeiten genau festgelegt und die benötigten Anfragen mittels einer RfP-Anfrage festgelegt.

8) Angebotsvergleich und Entscheidung für den Leistungsträger.

- Bestellung im System und danach muss die Weiterverfolgung der Aufträge und alle weiteren Schritte so, wie mit den verschiedenen Abteilungen in der Richtlinie festgeschrieben, ablaufen.
- Das Ziel einer Veranstaltungsrichtlinie muss lauten Kostensenkung und Prozessoptimierung ohne Leistungsabbau bei Erhaltung emotionaler Kundenbindung.

10 Exkurs: Richtlinien zur Nachhaltigkeit im Eventmanagement

Green Event, Green Meeting, nachhaltiges Eventmanagement sowie CO_2-neutrales Event sind Begriffe, die seit einiger Zeit und mit zunehmender Häufigkeit in der Eventbranche laut werden. Was genau sich hinter diesen Begriffen verbirgt und welche Richtlinien es in diesem Zusammenhang bereits gibt, wird im Folgenden genauer erläutert.

Definitionsversuch

Zunächst einmal ist es jedoch wichtig, den Begriff Nachhaltigkeit in diesem Zusammenhang kurz zu klären. Nachhaltigkeit ist zu beschreiben über den Einklang ökologischer, sozialer und ökonomischer Komponenten.

Laut des Convention Industry Councils handelt es sich bei einem Green Event bzw. Green Meeting um eine Veranstaltung, welche die negativen Auswirkungen auf die Umwelt weitestgehend reduziert. Für eine Schweizer Eventagentur definiert sich ein Green Event auf Basis der drei Dimensionen der Nachhaltigkeit. Folglich sollen bei einem so genannten Green Event die Umweltbelastung so gering wie möglich gehalten, die regionale Wirtschaft berücksichtigt, soziale und kulturelle Akzente gesetzt und die öffentliche und mediale Aufmerksamkeit genutzt werden. Im deutschen Meeting und Eventbarometer 2009/2010 basiert die Definition eines Green Events auf dem Prinzip der Reduzierung, Vermeidung und Kompensation von Treibhausgasen, welche durch Transport, Unterkunft und Durchführung der Veranstaltung entstehen.

Der oben stehende Versuch einer Beschreibung zeigt sehr deutlich, dass es eine Vielzahl verschiedener Definitionsansätze für Green Events gibt, die sich zum Teil grundlegend voneinander und auch von der Grunddefinition der Nachhaltigkeit, basierend auf der ökologischen, ökonomischen und sozialen Komponente, unterscheiden. Dieser Schluss wird auch von der Aussage des Europäischen Verbandes des Veranstaltungs-Centren e.V. (EVVC), dass der Begriff Green Event zur Zeit weder einheitlich definiert noch über eine gemein geltende Zielsetzung verfügt, unterstützt.

Notwendigkeit

Es gibt vielerlei Gründe und Motive sich mit der Thematik Green Events auseinander zu setzen. Zunächst einmal das wohl wünschenswerteste Motiv: Aus Verantwortung und Respekt sowohl der ökologischen als auch der sozialen Umwelt und den folgenden Generationen gegenüber.

Zudem ist eine starke Sensibilisierung der Bevölkerung für ökologische und soziale Probleme unserer Zeit festzustellen, die dazu führt, dass solche Faktoren als Kaufkriterien eine verstärkte Rolle spielen. Dabei geht es nicht mehr nur rein um das Produkt als solches, sondern auch um das Unternehmen, das hinter dem Produkt steckt. So ist festzustellen, dass viele Unternehmen in ihrer gesamten Unternehmensphilosophie verstärkt auf ökologische und soziale Aspekte eingehen und diese auch bei der Vermarktung von Produkten eine Rolle spielen. Da das Event als solches eines der bedeutendsten Kommunikationsmittel im Marketing ist, welches allerdings eine vergleichsweise große Umweltbelastung aufweist, liegt die Notwendigkeit nah, diese Belastungen zu minimieren, um glaubwürdig und der allgemeinen Unternehmensphilosophie treu zu bleiben. Dieses trifft natürlich besonders auf solche Unternehmen und Produkte zu, die ihre Bemühungen in Richtung Nachhaltigkeit auch aktiv kommunizieren und diese womöglich sogar als Unique Selling Proposition (USP) einsetzen.

Des Weiteren weist ein Green Event auch aus ökonomischer Sicht erhebliche langfristige Kosteneinsparungspotenziale auf. Dieser Punkt ist mitunter umstritten, da viele auf den ersten Blick nur den damit unter Umständen verbundenen Mehraufwand sehen. Dieser ist in gewisser Hinsicht auch zweifelsohne gegeben, langfristig lassen sich jedoch beispielsweise durch effizienteren Energie-, Wasser- und Materialverbrauch nicht nur die Umweltbelastungen reduzieren, sondern auch große Kostenpotenziale aufdecken und einsparen.

10 Exkurs: Richtlinien zur Nachhaltigkeit im Eventmanagement

Standards, Zertifikate und Richtlinien

Auch wenn es noch keine einheitlich anerkannte, feststehende Definition für Green Events gibt, existieren doch bereits einige Standards, Zertifikate und Richtlinien, die sich mit der Thematik befassen. Einige der größten und bekanntesten Standards werden im Folgenden etwas genauer erläutert.

ISO

ISO, International Organization for Standardization, ist mit über 18.000 international veröffentlichten Standards für Wirtschaft, Regierungen und Gesellschaft die weltweit größte Organisation auf diesem Gebiet. Folglich hat ISO auch für den Bereich Umweltmanagement/Nachhaltigkeit bereits einige Standards entwickelt.

Hierzu zählt unter anderem auch der allgemein bekannte ISO 14001. Dieser Standard besteht bereits seit 1996 und stellt das weltweit bekannteste Umweltmanagementsystem dar. Wie alle ISO Standards wird auch ISO 14001 regelmäßig überarbeitet und aktualisiert. Mit Hilfe dieses Standards ist es Unternehmen jeglicher Art möglich, die durch sie verursachten Umwelteinflüsse besser zu kontrollieren und ein gutes Umweltmanagement an den Tag zu legen. Hierbei steht nicht im Vordergrund, feststehende Kriterien einzuhalten, sondern, auf Basis rechtlicher Grundlagen und unter Berücksichtigung wichtiger ökologischer Faktoren, eigens auf das Unternehmen zugeschnittene Richtlinien und Ziele zu entwickeln. Damit wird ISO 14001 häufig als eine Grundlage für andere Standards und Managementsysteme genutzt.

Zur Zeit entwickelt ISO einen internationalen Nachhaltigkeitsstandard, der eigens auf die Bedürfnisse der Eventbranche zugeschnitten ist. In der Begründung zur Entwicklung dieses so genannten ISO/CD 20121 heisst es, dass die Eventbranche weltweit große ökologische, soziale und ökonomische Auswirkungen hat und dass es derzeit noch keinen international geltenden Standard gibt, der entsprechende Auflagen und Orientierungshilfen beinhaltet, mit dem Ziel die negativen Auswirkungen so gering wie möglich zu halten. Die große Herausforderung hierbei ist es, einen Standard zu entwickeln, der für die gesamte Bandbreite verschiedener Veranstaltungstypen anwendbar ist. Angestrebt wird mit der Einführung dieses Standards, dass sowohl die durch Veranstaltungen entstehenden Treibhausgase als auch die verursachten Müllmengen erheblich reduziert werden. Somit soll sich die Ressourceneffizienz der gesamten Versorgungskette einer Veranstaltung entscheidend verbessern. Dieses wird beispielsweise durch effizienteres und langfristigeres Planen oder durch die Wiederverwendung von Equipment erreicht. Da es sich um einen internationalen Standard handelt, sind 24 Nationen aktiv in den Entstehungsprozess involviert; Ziel ist es, ISO/CD 20121 pünktlich zu den Olympischen Spielen 2012 in London final zu veröffentlichen.

EMAS

EMAS, Eco-Management and Audit Scheme, ist ein weiteres, besonders in Europa sehr bekanntes und häufig genutztes Umweltmanagementsystem, welches auf Unternehmen jeglicher Art abzielt, die es anstreben auf freiwilliger Basis ihr Umweltmanagement zu verbessern. Der Ursprung dieses Standards geht von deutschen, mittelständischen Unternehmen aus, die schon in den 1980er Jahren das Bestreben hatten, sich über die minimalen gesetzlichen Richtlinien hinaus, im Umweltmanagement zu engagieren. Im Jahre 1993 legte die Europäische Kommission mit der Einführung der so genannten „EG-Öko-Audit-Verordnung" nach. Damit war das erste europaweit geltende Umweltmanagementsystem, welches zunächst jedoch nur für das produzierende Gewerbe anwendbar war, geschaffen. Deutsche Unternehmen wie die Audi AG, Volkswagen AG, Daimler AG, Georg Hipp und Nordzucker AG sind nur einige Beispiele derjenigen Unternehmen, die von Anfang an dabei sind. EMAS ist ISO 14001 konform und seit 2001 auch für Unternehmen anwendbar, die nicht aus dem produzierenden Gewerbe kommen. Die Europäische Kommission hat das Ziel, Unternehmen, mit Hilfe von EMAS, zu motivieren, ihre Umweltleistung freiwillig, systematisch und stetig zu verbessern. Dabei wird besonderer Wert auf die folgenden Aspekte gelegt:

1. Klimaschutz
2. Kosteneffektivität
3. Einhaltung von Rechtsvorschriften
4. Umweltfreundliche Beschaffung

5. Einbindung der Mitarbeiter
6. Transparenz
7. Glaubwürdigkeit
8. Nachhaltigkeit

Auf Grund der Anpassungsfähigkeit dieses Umweltmanagementsystems ist EMAS theoretisch auch bei Veranstaltungen anwendbar. In Deutschland gibt es bereits einige, die EMAS zertifiziert sind, wie beispielsweise der Deutsche Evangelische Kirchentag. Jedoch bedeutet dies einen erheblichen Mehraufwand, welcher für den Großteil der jährlich stattfindenden Veranstaltungen nicht realisierbar ist.

BS 8901

Der BS 8901 ist ein Standard der British Standard Institution, BSI, die eine der weltweit führenden Zertifizierungsinstitutionen ist. Dieser Standard setzt einen Rahmen für ein Managementsystem, das speziell auf den Bereich Nachhaltigkeit im Eventmanagement zugeschnitten ist. Dieser Standard wurde im Zuge der Bewerbung Londons für die Olympischen Spiele 2012 entwickelt und im Jahre 2007 das erste Mal veröffentlicht. Damit ist der BS 8901 der erste Standard in diesem Bereich, der eigens und ausschließlich für die Eventindustrie konzipiert wurde. Die Tatsache, dass zeitgleich mit dem LOCOG 2012 auch die UK Events Industry Alliance begonnen hat sich um einen einheitlichen Standard für Nachhaltigkeit im Eventmanagement zu bemühen, deutet darauf hin, dass diese Thematik in Großbritannien schon vor einigen Jahren eine bemerkenswerte Rolle gespielt hat. Beim BS 8901 handelt es sich weniger um eine Checkliste als um ein komplexes System, welches sowohl ökonomische als auch soziale und ökologische Belange fokussiert. Dieses führt dazu, dass Unternehmen Verständnis und Kontrolle darüber erlangen, welche Auswirkungen ihre Aktivitäten in diesen drei Bereichen haben. Darüber hinaus verweist dieser Standard darauf, wie entscheidend es ist, dass möglichst alle Bereiche einer Veranstaltung dieser Kontrolle unterliegen und ist deshalb für alle Interessengruppen der Eventbranche anwendbar.

Österreichisches Umweltzeichen

Das Österreichische Umweltzeichen gibt es seit 1990; es wurde vom Österreichischen Umweltministerium als Reaktion auf das steigende Umweltbewusstsein in der Bevölkerung ins Leben gerufen. Einerseits gibt es dieses Siegel, um umweltfreundliche Produkte für die Verbraucher erkennbar zu machen, andererseits soll es aber auch weitere Unternehmen dazu motivieren, umweltbewusster zu agieren. Neben Konsumgütern richtet sich das Siegel auch an die Tourismusbranche und Bildungseinrichtungen. Seit Juli 2010 sind auch Green Meetings unter UZ 62 auf der Agenda des Österreichischen Umweltzeichens zu finden. Es ist sowohl möglich, sich als Eventplaner zertifizieren zu lassen als auch nur ein einzelnes Event als solches zu zertifizieren. Hierbei werden die Events in den Kategorien A – D unterschieden, wobei A für Kongresse und Tagungen steht, B für Business Meetings, C für Messen und Ausstellungen und D für Seminare. Um eine Zertifizierung zu erhalten, müssen gewisse Kriterien erfüllt werden, die in die folgenden Kategorien unterteilt sind:

1. Mobilität und CO_2-Kompensation
2. Unterkunft
3. Veranstaltungsort
4. Beschaffung, Material- und Abfallmanagement
5. Aussteller/Messestandbauer
6. Catering
7. Kommunikation und Soziale Aspekte

Green Globe

Green Globe ist daraus entstanden, dass Anfang der 1990er Jahre einige Tourismusbetreiber damit begonnen haben, die Auswirkungen ihres Geschäfts auf die Umwelt kritisch zu hinterfragen und nach Wegen zu suchen, die negativen Auswirkungen zu minimieren. Inzwischen ist Green Globe eine weltweit agierende und anerkannte Zertifizierungs-Institution, welche es Unternehmen der Tourismusbranche und deren Zulieferern ermöglicht ihre Bemühungen zur Nachhaltigkeit stetig zu verfolgen und durch Erhalt des Siegels sichtbar zu machen. In dem ausführlichen Kriterienkatalog werden auch andere internationale Nachhaltigkeitsstandards berücksichtigt, wie beispielsweise der ISO 14001. Um sich Green Globe zertifizieren zu lassen, ist eine Green Globe Mitgliedschaft unerlässlich. Ansonsten stehen die Nachhaltigkeitskriterien, Zertifizierungsrichtlinien und -vorgänge nicht zur Verfügung.

Zwischenzeitlich ist Green Globe aber nicht mehr nur vornehmlich für die Tourismusbranche anwendbar, sondern auch für die Eventbranche. Im Mai 2010 haben Green Globe und der Europäische Verband der Veranstaltungs-Centren e.V. gemeinsam einen Zertifizierungsprozess speziell für die Bedürfnisse von Veranstaltungsstätten ausgearbeitet. Der Europäische Verband der Veranstaltungs-Centren e.V. hat sich als erster Verband Green Globe zertifizieren lassen und die Zahl der zertifizierten Veranstaltungsstätten steigt stetig.

APEX/ASTM Environmentally Sustainable Meeting Standards

Der Convention Industry Council's Accepted Practices Exchange, APEX, Panel on Green Meeting und Event Practices, hat den endgültigen Standardentwurf für Green Meetings und Green Events zur Sichtung und Prüfung freigegeben, bevor dieser der American Society for Testing and Materials, ASTM vorgelegt wird. Diese Standards sind mit dem Grundgedanken konzipiert ein einheitliches Maß dafür zu geben was „green" in der Eventbranche bedeutet und damit den Bedürfnissen dieser Branche nachzukommen. Die Entwicklung solcher Standards basiert auf dem bereits 2004 veröffentlichten „Green Meeting Task Force Report" der Convention Industry's Councils Green Meeting Task Force, der Eventanbietern als eine Art Richtlinie, wie sie bestmöglich nachhaltig agieren können, dient. Es ist vorgesehen, für die folgenden neun Bereiche Standards einzuführen:

1. Transport
2. Produktionsbüro
3. Veranstaltungsort
4. Food & Beverage

5. Ausstellungsstücke
6. Destinationen
7. Kommunikation
8. Unterkunft
9. Audio-Visual

Jeder dieser neun Bereiche wurde von einem eigenen Komitee erarbeitet. Im Vergleich zu anderen bereits bestehenden Standards für Nachhaltigkeit in der Eventbranche, wie beispielsweise BS 8901, sollen die APEX/ASTM Standards klare, vergleichbare, leistungsbasierende Kriterien stellen, die international sowohl unabhängig als auch in Kollaboration mit bereits bestehenden Umweltmanagementsystemen anwendbar sind. Jedoch sind auch diese Standards zurzeit noch in der Entwicklungsphase.

Neben den oben genannten Standards und Zertifizierungen wurden in den letzten Jahren zahlreiche Handlungsempfehlungen und Leitfäden für die verschiedensten Arten von Veranstaltungen veröffentlicht, wie beispielsweise der Green Meeting Guide des UNEP, der Green Champions für Sport und Umwelt Leitfaden des BMU und DOSB oder auch der Sounds for Nature Leitfaden des Bundesamtes für Naturschutz.

Die oben beschriebene Entwicklung hin zu klaren Standards und Richtlinien für nachhaltig organisierte Events zeigt sehr deutlich, dass auch in diesem Bereich die erfolgreiche Umsetzung von eindeutigen Vorgaben abhängig ist. Nachhaltigkeit als solche ist eine sehr komplexe und weit reichende Thematik. Damit sich diese auch in der Veranstaltungsbranche durchsetzt und zur Selbstverständlichkeit wird, bedarf es zunächst klarer Orientierungshilfen für Veranstaltungsplaner. Daher ist es von größter Wichtigkeit, dass die sich entwickelnden Standards aufeinander abgestimmt und im besten Fall konform sind. Eine Überflutung des Marktes mit einer Vielzahl unterschiedlicher und sich inhaltlich doch sehr ähnlichen Zertifikaten sollte in jedem Fall vermieden werden, da dies einer schnellen und flächendeckenden Verbreitung des Themas im Wege stünde und der Sache an sich mehr Schaden als Nutzen bringen würde.

Glossar

Benchmarking: Interessant ist natürlich immer wieder herauszufinden, wie gut ist mein Gegenüber. Verglichen wird dazu unter anderem, wie gut das eigene und das Veranstaltungs-Programm des Wettbewerbs oder die vergleichbaren Durchschnittswerte allgemein sind. Für jeden Veranstaltungsplaner sind diese Werte von bedeutender Relevanz um herauszufinden, welche Position das eigene Unternehmen in der Veranstaltungsbranche hat. Dazu werden verschiedene Benchmarkingtypen unterschieden:

1. **Branchen-Benchmarking:** Welche Trends zeichnen sich in der Branche ab? Dazu werden Werte, wie Durchschnittsausgaben, Veranstaltungsdauer und durchschnittliche Ausgaben pro Veranstaltung verglichen.

2. **Profil-Benchmarking:** Wie sehen unsere Planungen im Vergleich zu anderen Unternehmen aus? Hierzu wird betrachtet, ob ähnliche Unternehmen auch auf Veranstaltungsrichtlinien zurückgreifen und bevorzugte Lieferanten setzen, ob Programmkosten ebenfalls intern umgelegt werden etc.

3. **Einspar-Benchmarking:** Wie viel sparen wir im Vergleich zu anderen Unternehmen? Wie viel im Gegensatz zu anderen Unternehmen gespart wird, kann nur mit ähnlich großen und aus der gleichen Branche bestehenden Unternehmen geschehen.

4. **Zeitvergleichs-Benchmarking:** Wie arbeiten wir derzeit im Vergleich zu damals? Bei dieser Benchmarking-Methode werden frühere Verhaltensweisen mit heutigen verglichen. Mögliche Anhaltspunkte sind z. B. die Zahl der durchgeführten und abgesagten Veranstaltungen, Teilnehmerzahlen oder durchschnittliche Kosten pro Teilnehmer etc.

5. **Aktionsbezogenes Benchmarking:** Was können wir in Zukunft verbessern? Dadurch, dass sich über die Zukunft gesorgt wird, entstehen wertvolle Anhaltspunkte dafür, wie die Programmziele in Zukunft schneller und effektiver erreicht werden können.[44]

---

[44] Vgl. American Express, Business Travel 2007, Die optimale Strategie für das Management der Veranstaltungskosten, S. 9

Briefing: Verfahren zum Einstieg in die Zusammenarbeit mit externen Veranstaltungsplanern wie Event-Agenturen oder → PCOs. Vermittelt werden müssen dabei insbesondere die Zielsetzung der Veranstaltung, die Zahl und Herkunft der erwarteten Teilnehmer, das Budget sowie Details zum Programmablauf.

Convention & Visitors Bureau (CVB): Diese nationale oder regionale Anlaufstelle für Kongressplaner wird von allen Organisatoren der Veranstaltungswirtschaft einer Stadt, einer Region oder eines Landes unterhalten, die an der Akquisition von Kongressen interessiert sind. Zu ihnen gehören Tourismusbüros, Hotels, Kongresszentren, Fluglinien. In Deutschland übernimmt diese Funktion das → German Convention Bureau (GCB).

Destination: Bezeichnung des Veranstaltungsortes einer Tagung oder des Ziels einer Incentive-Reise.

Destination Management Company (DMC): Eine DMC übernimmt das Handling von Vor-Ort-Programmen bei Kongressen und Incentive-Reisen. Im Gegensatz zu → PCOs übernehmen DMCs in der Regel nur (touristische) Teilleistungen der Kongressplanung und sind nur in ihren Heimatdestinationen tätig.

Effektivität: Effektivität ist das Verhältnis von erreichten Zielen zu definierten Zielen. „Effektivität lässt sich unterscheiden in Effektivität im weiteren Sinne und Effektivität im engeren Sinne. Unter Effektivität im weiteren Sinne wird die Veränderung des Outputs durch den Einsatz eines Kommunikationsinstrumentes verstanden (Wirksamkeit). Effektivität im engeren Sinne überprüft die Höhe der Wirksamkeit in Bezug auf die im Vorfeld formulierten Ziele (Wirksamkeitsgrad)"[45].

Effizienz: Effizienz ist das Verhältnis eines – in definierter Qualität – vorgegebenen Zieles zu dem Aufwand der zur Erreichung dieses Zieles nötig ist. Die Effizienz ist ein Maß für die Wirtschaftlichkeit (Kosten-Nutzen-Relation).

- Maßnahmen
- Zielvorgabe und Entfaltungsvergleich

---

[45] Luppold/Hirschmüller 2006, Erfolgskontrolle im Event-Marketing, S. 14

Event: Events bilden den inhaltlichen Kern des Event-Marketing und können als inszenierte Ereignisse in Form von Veranstaltungen und Aktionen verstanden werden, die den Adressaten (Kunden, Mitarbeiter) firmen- oder produktbezogene Kommunikationsinhalte erlebnisorientiert vermitteln.

Eventcontrolling: Eventcontrolling ist die Beschaffung, Aufbereitung, Analyse und Kommunikation von Zahlen und Daten im Eventbereich. Es ist auch die neue Definition eines komplexen Ablaufs im Marketing für die Erfassung und Messung der innerbetrieblichen Zahlen. Hier müssen neben einer klaren Zielsetzung auch bereits das richtige Messinstrument und die zu messenden Größen festgelegt werden.

FAM-Trip: Die Kurzbezeichnung für Familiarisation-Trips steht für Informationsreisen für potenzielle Veranstalter zum Kennenlernen einer → Destination inklusive ihrer Tagungsstätten und ausgewählter Hotels. In der Regel werden planer von Destinationen oder regionalen → CVBs eingeladen, häufig auch von Verbänden und Interessengruppen, beispielsweise der Vereinigung deutscher Veranstaltungsorganisatoren e.V.

Food & Beverage (F&B): Die gastronomische Versorgung in Hotels, bei Kongressen und Tagungen.

German Convention Bureau (GCB): Das zentrale deutsche → CVB ist seit 1973 Ansprechpartner für in- und ausländische Planer von Veranstaltungen in Deutschland. Ziel des GCB, das aus Mitgliedsbeiträgen und öffentlichen Mitteln finanziert wird, ist die internationale Förderung des Kongressstandortes Deutschland.

Hosted Byers: Bezeichnung für einen Fachmessebesucher, der als Einkäufer und Veranstaltungsplaner eine hohe Entscheidungskompetenz und Budgetverantwortung hat, weshalb die Messeveranstalter für ihn die Kosten für Anreise und Unterkunft übernehmen. Im Gegenzug verpflichtet sich der Einkäufer, eine bestimmte Zahl an Verkaufsgesprächen zu führen und Präsentationen zu besuchen. Hosted Buyers sollen so nicht nur die hohe Besucherqualität einer Messe garantieren, sondern auch möglichst viele Vertragsabschlüsse vor Ort generieren. Hosted-Buyer-Programme gibt es bei den meisten internationalen Fachmessen, beispielsweise der IMEX und der EIBTM. Die Bewerbungsverfahren sind unterschiedlich.

Incentive: Das englische Wort für „Ansporn, Anreiz" bezeichnet eine Sonderform der Veranstaltungsbranche, mit der Mitarbeiter oder Verkäufer zu höheren Leistungen angeregt werden sollen. Neben Sachprämien sind Reisen die häufigste Form von Incentives, die meist in einem Leistungswettbewerb eingebettet sind. Wichtigstes Kennzeichen ist die Nicht-Käuflichkeit der einzelnen Leistungen, die die Prämien besonders attraktiv machen und für einen hohen Erwartungswert sorgen sollen.

Konferenz: Ein sehr vielseitig genutzter Begriff, der in der Regel ein meist nur eintägiges Zusammentreffen vieler Personen mit gleiche Interessen bezeichnet – je nach Definition mit fünfzehn bis 50 beziehungsweise bis zu 250 Teilnehmern. Für „Konferenz" wird häufig der Begriff „Tagung" oder die englische Entsprechung „Convention" benutzt.

Kongress: Eine in der Regel mehrtägige Versammlung zur Erörterung eines Themas. Ein Kongress besteht aus mehreren Veranstaltungsteilen – insbesondere Präsentationen, Diskussion und Arbeitsgruppen – und wird häufig ergänzt durch Begleitausstellungen und touristische und/oder fachlich Exkursionen. Charakteristisch ist die große Teilnehmerzahl von 250 und mehr Personen.

MICE: Auch M.I.C.E. Abkürzung für Meeting, Incentive, Convention, Event und englische Sammelbezeichnung für die Veranstaltungsbranche, die häufig synonym gebraucht wird mit dem deutschen Ausdruck Tagungswirtschaft. Der Begriff MICE wird sehr frei verwendet und gelegentlich auch anders aufgeschlüsselt.

No Show: Ein → Hosted Buyer, der ohne vorher schriftliche Nachricht einer Stornierung gegeben zu haben, den Hosted-Buyer-Aktivitäten der gastgebenden Fachmesse fernbleibt. Dazu gehören Veranstaltungen, Seminare und → PSAs, zu denen der Hosted Buyer sich einverstanden erklärt hat. In der Regel bedeutet das Fernbleiben, dass der Hosted Buyer selbst bis zu 100 % der Reisekosten übernehmen muss.

Pre oder Post Convention Tour: Ausflug, der am Vortag von oder im Anschluss an Tagungen als touristisches Programm angeboten wird.

Professional Congress Organiser (PCO): Als Agenturen übernehmen PCOs den vollständigen Service für die Planung, Organisation und Durchführung von Kongressen und Tagungen, einschließlich der Teilnehmer- und Budgetverwaltung.

Pre-scheduled Appointments (PSA): PSAs sind vorab terminierte Messegespräche der → Hosted Buyers mit Ausstellern, die in der Regel Bedingung für eine Einladung als Hosted- Buyer sind. Bei der EEIBTM beispielsweise müssen Hosted Buyers an jedem Messetag fünf Termine wahrnehmen.

Request for Proposals (RfP): Detailliertes Anforderungsprofil für die Einholung von vergleichbaren Angeboten potenzieller Veranstaltungsstätten.

Richtlinie: Eine Richtlinie ist eine Handlungsvorschrift mit bindendem Charakter, aber nicht gesetzlicher Natur. Eine Richtlinie wird von einer Organisation ausgegeben, ist daher gesetzlich ermächtigt und hat einen Geltungsbereich, der z. B. arbeitsrechtlich sanktioniert ist.

Site Inspection: Individuelle Besichtigung einer → Destination oder Tagungsstätte durch den Veranstaltungsplaner. In der Regel liegt bei einer Site Inspection (im Gegensatz zum → FAM-Trip) schon ein konkretes Planungsvorhaben vor.

Seminar: Kleine, meist mehrtägige Veranstaltung zur Wissensvermittlung mit bis zu 30 Teilnehmern.

Tagung: Ambivalenter Begriff, der sowohl als Überbegriff für Veranstaltungen zum Wissens- und Erfahrungsaustausch verwendet wird als auch zur Bezeichnung von größeren Konferenzen. In diesem Sinne entspricht der Begriff der im englischen Sprachraum üblichen Bezeichnung Convention. [46]

Teilnehmer: Als Teilnehmer werden alle während einer Veranstaltung anwesenden und in verschiedenen Funktionen agierenden Personen bezeichnet.

---

[46] Vgl. MICE-Guide 2007, S. 18-20

Teilnehmermanagement: Teilnehmermanagement beschäftigt sich sowohl mit der Erhebung, Verarbeitung, Verwaltung und quantitativen Auswertung von veranstaltungsrelevanten Teilnehmerdaten als auch der Kommunikation mit den Teilnehmern. Es schließt weiterhin die Planung, Koordination und Kontrolle von sämtlichen Ressourcen und Aktivitäten ein, die den Teilnehmer einer Veranstaltung direkt betreffen. Teilnehmermanagement umfasst jegliche teilnehmerbezogene Maßnahme vor, während und nach der Veranstaltung.

Veranstaltung: Eine Veranstaltung ist ein organisiertes Ereignis mit einem begrenzten Zeitumfang zu einem bestimmten Thema in einem festgelegten Rahmen zu einem bestimmten Anlass an einem bestimmten Ort an dem eine bestimmte Gruppe von Menschen teilnimmt. Für die Erfassung der Kosten und Kostenstellenzuordnungen (ab 10 Teilnehmer) sollte der Begriff Veranstaltung verwendet werden.

Literaturverzeichnis

Bechter, Clemens: Make or Buy? Entwicklung eines Modells zur Entscheidungsfindung bei der Bestimmung über Eigenanfertigung oder Fremdbezug, Saarbrücken 2009

Boutellier, Roman/Wagner, St./Wehrli, H.: Handbuch Beschaffung. München/Wien 2003

Bürkle, Jürgen: Corporate Compliance – Pflicht oder Kür für den Vorstand der AG?. 2005

Climate Partner: Leitfaden für Green Events. Zürich/ München/ Wien 2009

Dennerlein B./Wilbers, Prof. Dr. Andreas: http://wirtschaftslexikon.gabler.de/Archiv/55062/geschaeftsreise-v5.html

Erber, Sigrun: Eventmarketing – Erlebnisstrategien für Marken. Augsburg 2005

EVVC: Meeting- & Eventbarometer. Bad Homburg 2009

Friedmann, Susan: Meetings und Events organisieren. 1. Auflage. Weinheim 2008

Graus, Herbert E.: Motivation als Erfolgsfaktor. Skript Lehrveranstaltung HS- Mittweida

Hauschka, Christoph E.: Corporate Compliance. Handbuch der Haftungsvermeidung im Unternehmen, München 2007

Holzbauer, Ulrich/Jettinger, Edwin/Knauss, Bernhard/Moser, R/Zeller, M.: Eventmanagement. Veranstaltungen professionell zum Erfolg führen. 3. Auflage, Berlin/ Heidelberg 2005

Jäger, Axel/Rödl, Christian/Nave, José: Praxishandbuch Corporate Compliance. Grundlagen, Checklisten, Implementierung. Weinheim 2009

Kilian, Karsten: Markenlexikon.com, Lauda-Königshofen 2003–2010 http://www.markenlexikon.com/glossar_r.html

Kräher, Anna: Corporate Events. Ein Erfolgsinstrument des Eventmarketings, Hamburg 2009

Krenz, Rüdiger: VDR Akademie, Seminar: Certified Meeting Organizer, Stufe 2: Richtig Einkaufen und Verhandeln, AGB und Recht.

Lasslop Ingo: Effektivität und Effizienz von Marketing Events. München 2003

Mikus, Barbera: Make-or-buy-Entscheidungen, Führungsprozesse, Risikomanagement und Modellanalysen. 2. Auflage. Leipzig 2001

Popitz, Heinrich: Soziale Normen, Frankfurt a. M. 2006

Schätzer, Silke: Unternehmerische Outsourcing-Entscheidungen. Eine transaktionskostentheoretische Analyse. Wiesbaden 1999

Schreiter, Daniel Paul: Der Event als Projekt – Leitfaden zur Anwendung von Projektmanagement. 1. Auflage. Hamburg 2009

Schwanfelder, Werner: Überzeugend führen mit Machiavelli. Heidelberg 2005

Teichmann, Stephan: Logistiktiefe als strategisches Entscheidungsproblem. Berlin 1995

Wannenwetsch, Helmut: Integrierte Materialwirtschaft und Logistik. 4. Auflage. Mannheim 2009

Autoren

Gerhard Bleile spezialisierte sich nach seiner Ausbildung zum Werbefachmann in der Pharma-Industrie auf den Bereich „Veranstaltungen". Er organisierte in leitender Position für einen großen Pharma-Konzern die gesamte internationale Palette der Veranstaltungen.

Heute ist er als selbständiger Berater im Gesundheitsbereich gefragter Experte und Referent bei aktuellen Themen zum Veranstaltungsmanagement.

Die Tätigkeiten als Pressesprecher des Pharma-Fortbildungs-Forums, als Dozent an der VDR und BME-Akademie und als Vorsitzender der Vereinigung Deutscher Veranstaltungsorganisatoren (www.veranstaltungsplaner.de) ergänzen seinen Aufgabenbereich.

Cornelius Philipp Blei, Jahrgang 1985, studierte von 2007 bis 2010 „Medien-, Sport- und Eventmanagement" an der Hochschule Mittweida.

Seine Abschlussarbeit zum „Bachelor of Arts" widmete er, in Kooperation mit einem deutschen Großkonzern aus der Lebensmittelindustrie, dem Thema „Veranstaltungsrichtlinien" und analysierte diesen Komplex dafür auf wissenschaftlicher Basis.

Herausgeber

Stefan Luppold ist Professor für Betriebswirtschaftslehre mit Schwerpunkt „Messe-, Kongress- und Eventmanagement" an der Dualen Hochschule Baden-Württemberg (DHBW) in Ravensburg. Dort verantwortet er den gleichnamigen Studiengang. Vor seiner Berufung war er mehr als zwei Jahrzehnte in internationale Projekte der MICE-Industrie eingebunden. Er leitet das von ihm 2009 gegründete Institut für Messe-, Kongress- und Eventmanagement (IMKEM) und ist Herausgeber einer Fachbuchreihe, in der auch dieser Band erschienen ist. Daneben nimmt er regelmäßig Gastvorlesungen, unter anderem in Shanghai, wahr.

Nachtrag:
Automatisiertes Event Management System am Beispiel von up2date solutions GmbH

Stefan Blass, Vertriebsleiter up2date solutions

Zukunftsweisendes Eventmanagement – Das Herzstück moderner Veranstaltungsorganisation ist eine gute Software

Virtuelle Welten sowie die Digitalisierung sozialer und geschäftlicher Kontakte boomen – und dennoch oder gerade deshalb gewinnt die persönliche Begegnung zunehmend an Bedeutung. In punkto Veranstaltungswirtschaft sind sich daher Verbände, Politiker und Branchenexperten einig: Events gewinnen an Zugkraft, wenn es um Wissenstransfer, Innovationsförderung, Signalwirkung und den konkreten Abschluss von Geschäften geht. Die nachhaltige Live-Kommunikation kombiniert mit emotionaler Ansprache ist also auf dem Vormarsch.

Gleichzeitig befindet sich der Tagungs- und Veranstaltungsmarkt drastisch im Wandel. Stringente Einhaltung von Richtlinien der Unternehmen, anhaltender Kostendruck, Bündelung personeller Ressourcen, die Konsolidierung von Geschäftsreise- und Veranstaltungsorganisation, Berücksichtigung von Nachhaltigkeitsaspekten und sozialer Verantwortung, höhere Anforderungen an Innovation, Kreativität und Originalität sowie die rasante technologische Entwicklung sorgen für eine Neuorientierung bei der Ausrichtung von Events. Ganz gleich also, wer sich in Unternehmen, Institutionen, Agenturen und Event-Abteilungen um die Veranstaltungsorganisation kümmert – die veränderten Rahmenbedingungen stellen eine enorme Herausforderung für jeden Mitarbeiter dar, der am Prozess der Planung, Organisation und Durchführung einer Veranstaltung beteiligt ist. So gewinnt der Begriff „Prozessoptimierung" im Eventmanagement ganz neue Dimensionen – ohne moderne, alltagstaugliche, nutzerfreundliche Software ist eine kompetente Veranstaltungsorganisation, die allen Ansprüchen und zugleich den personellen Ressourcen gerecht wird, heutzutage nicht mehr denkbar. Die stetig steigende Nachfrage nach effizienten Lösungen für ein ganzheitliches Eventmanagement zeigt, dass diese neuen Anforderungen in den Unternehmen angekommen sind.

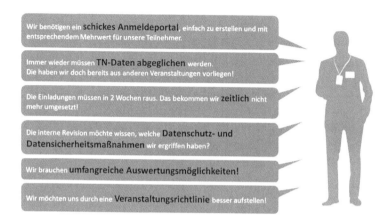

Arbeitsabläufe optimieren

Nach wie vor werden in zahlreichen Unternehmen mit Veranstaltungsaufkommen personelle Ressourcen gebunden und von ihrer Kernaufgabe abgehalten, allein um die administrativen Aufgaben der Eventorganisation zu lösen. Einladungsverteiler werden tatsächlich noch allzu häufig mit aufwendigen Excel-Listen erstellt, mit Hilfe derer das Responsemanagement bis hin zur Erfassung von Reisedetails erfolgt. Die Berücksichtigung von Unternehmensvorgaben wie dem Corporate Design und die Erstellung von Event-Auswertungen und Reportings bleiben so meist auf der Strecke. Und oft genug wird nicht kalkuliert, dass bei manueller Bearbeitung einer Veranstaltung der gesamte Prozessaufwand von vorn beginnt, sobald das nächste Event ansteht. Zudem unterschätzen viele Unternehmen das tatsächliche Aufkommen der Firmenveranstaltungen im Haus. Eine zentrale Bündelung der Daten trägt daher nicht nur zur Prozessoptimierung bei, sondern kann bereits beim Einkauf für beträchtliches Einsparpotenzial sorgen, optimiert die Teilnehmerverwaltung, vereinfacht die Budgetplanung und die Projektsteuerung mit sämtlichen Komponenten.

Die Investition in ein automatisiertes Event Management System (EMS) ist daher unabdingbar, um den gesamten Prozess rund um die Veranstaltungsorganisation effizient und vor allem auch nachhaltig zu gestalten. Ein solches System bündelt individuelle Prozesse und ermöglicht den Zugang aller an der Planung, Organisation und Durchführung beteiligten Mitarbeiter in Echtzeit.

Ohne Gäste kein Event

Die Erstellung und Pflege von Einladungsverteilern gilt in vielen Unternehmen als eine der größten Herausforderungen in der Veranstaltungsorganisation, denn die Ausgangssituation ist häufig, dass zu einer Person verschiedene Daten in einer Vielzahl von Systemen abgelegt sind. Ziel muss daher die Konsolidierung und Synchronisation der Daten sein. Schritt eins der Implementierung eines funktionierenden Event Management Systems ist es also, Schnittstellen zu externen Systemen herzustellen. Dazu müssen die Datenquellen bestimmt und die Zusammenführung der Daten initiiert werden. Gleichzeitig wird ein Dublettenabgleich anhand ausgewählter Kriterien wie Personalnummer oder Email-Adresse vorgenommen, einschließlich verschiedener Synchronisationsintervalle, Protokolle und Fehlerroutinen.

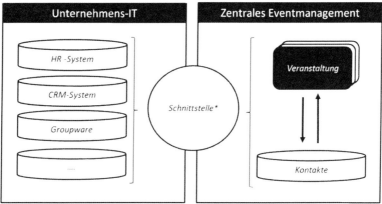

* Bestimmung Datenobjekte
Richtung: unidirektional / bidirektional
Frequenz
Fehlerbehandlung

Im zweiten Schritt erfolgt der Datenabgleich im zentralen EMS, um – im Gegensatz zu herkömmlichen Excel-Importen – eine optimierte und abteilungsübergreifende Kontakt- und Stammdatenhaltung zu erwirken. So können später durch einfache Selektion aus den bestehenden Kontakten, Gästelisten zu einzelnen Veranstaltungen erstellt werden. Ist das EMS erst einmal implementiert, erfolgt schließlich der Datenabgleich mit den externen Systemen als Voraussetzung für künftige reibungslose Verteilerselektionen.

Wirkungsvolle Optik

Ein einheitliches Erscheinungsbild wirkt nicht nur schick und professionell, sondern ist in den Unternehmensrichtlinien oft als „Corporate Design" vorgegeben. In manchen Unternehmen geht die Veranstaltungsorganisation dennoch eigene Wege und unterbricht so die Identifikation der verschiedenen Zielgruppen mit dem Unternehmen. Aus Sicht von Veranstaltungsteilnehmern bietet jedoch die Berücksichtigung des Corporate Design ganz klar einen Wiedererkennungseffekt.

Dem Event Manager gibt die Einhaltung von vorgegebenen Design-Richtlinien zudem eine gewisse Prozess-Sicherheit. Für eine schnelle und unkomplizierte Umsetzung eines Event-Portals im Unternehmensauftritt bietet ein Event Management System dafür beste Voraussetzungen. Mit nutzerfreundlichen Vorlagen und Serienfeldern für unterschiedliche Veranstaltungsformate ist die Einrichtung eines Registrierungsmoduls ganz einfach. Durch die technische Trennung von Gestaltung und Content können Inhalte durch interne Nutzer, Übersetzungsbüros und Referenten ganz einfach selbst gefüllt und eine automatische Konfiguration von Komponenten vorgenommen werden. Gleichzeitig können hier verschiedene Mehrwerte für Teilnehmer eingerichtet werden: So sind auf einer Microsite nicht nur vollständige und aktuelle Informationen erhältlich, sondern es können zusätzliche Dienste wie Routenplaner, Online-Forum, Bildergalerie etc. in unterschiedlichen Formaten dargestellt werden.

Zeit ist wertvoll

Flexibilität und schneller Einsatz sind gerade im Eventmanagement wichtige Voraussetzungen für eine termingerechte Umsetzung. Zudem ist die Projektzeit für Veranstaltungsmanagement oft durch mangelnde personelle Ressourcen knapp bemessen. Langwierige Planungs- und Organisationsprozesse blockieren daher ein effizientes Veranstaltungsmanagement. Prozessoptimierung kann jedoch durch vereinfachtes Aufsetzen von Veranstaltungen mittels Vorlagen, einer vereinfachten Selektion der Gäste über Schnittstellen und einer systematischen Unterstützung von Routinetätigkeiten wie Budgetierung und Vorkontierung, Erstellung von Projekt- und Ablaufplänen, Sitzplanung etc. erzielt werden. Zudem ist eine Standardisierung der Prozesse sinnvoll für eine vereinfachte Nachbereitung und Auswertung. Im Outsourcing-Umfeld externer Serviceanbieter unterstützt eine Event-Plattform darüber hinaus den optimalen Dienstleistungs-Mix.

=> Eventmanagement > Teilnehmermanagement

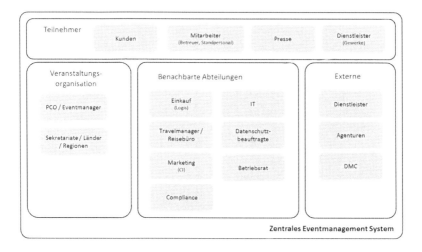

Nicht zuletzt profitieren auch die Teilnehmer von einem zeiteffizienten Event Management System: Anmeldedaten müssen nur einmal erfasst werden, die Abwicklung von Reise-Arrangements, die Erfassung von Sonderwünschen und gegebenenfalls Umbuchungen werden im Registrierungsmodul auf der zentralen Registrierungsplattform vorgenommen und ohne Medienbruch gebündelt. So ist die Abwicklung auch aus Gästesicht wesentlich einfacher.

Datensicherheit

Aus der Perspektive jedes einzelnen Teilnehmers hat der Schutz der persönlichen Daten einen äußerst hohen Stellenwert. Aus Unternehmenssicht gilt es, in punkto Datensicherheit rechtliche Standards zu wahren. Ohne die entsprechenden technischen Voraussetzungen ist eine Teilnehmerverwaltung bei gleichzeitiger Wahrung des Datenschutzes kaum möglich. Bei der Einführung eines zentralen Event Management Systems werden Datenschutz und Datensicherheitsmaßnahmen zwangsläufig behandelt. Für den Eventmanager zählen dabei Aspekte wie Datenschutzerklärung und Einverständniserklärung des jeweiligen Teilnehmers sowie das Prinzip der Datensparsamkeit. Der Anbieter einer EMS-Lösung gewährt Applikationssicherheit und implementiert daher Sicherheitstests und -mechanismen sowie selektive Zugriffsberechtigungen. Durch technische Historien und Protokollierung ist zudem seitens des EMS-Anbieters eine Revisionssicherheit gegeben. Aus Sicht des Hosting Providers werden durch den EMS-Einsatz Aspekte berücksichtigt wie die Verschlüsselung des Datenverkehrs und der Datenhaltung, die Datenspeicherung innerhalb der EU, die Erklärung zum Datenschutz- und zu den Datensicherheitsmaßnahmen, die Sicherstellung technischer und organisatorischer Maßnahmen sowie die Vertragsgestaltung und Verfügbarkeiten.

Vor dem Event ist nach dem Event

Wer eine Veranstaltung organisiert, verfolgt damit ein gewisses Ziel. Dies kann wirtschaftlicher oder emotionaler Natur oder auch eine Kombination aus beidem sein. Aber ganz gleich, ob der Abschluss von Geschäften im Vordergrund steht oder die Image-Bildung – ohne entsprechende Auswertung des Events wird das Unternehmen nie erfahren, ob die Veranstaltung ihren Zweck erfüllt hat, ob die Vorgaben eingehalten wurden und an welchen Stellen Optimierungsbedarf besteht. So ist die Auswertung eines Events eine gute Basis für die Planung der nächsten Veranstaltung.

Ein entsprechendes Reporting-Modul im Rahmen des Event Management Systems kann flexibel auf die Bedürfnisse des Unternehmens angepasst werden und sowohl Standardevaluierungen als auch benutzerdefinierte Abfragen generieren. Entgegen manueller Erfassung sind die Teilnehmer-Befragungen und Erhebung von Event-Fakten innerhalb des EMS vor unberechtigtem Zugriff geschützt. Zudem entstehen dem Unternehmen Mehrwerte durch veranstaltungsübergreifende Abfragen, z. B. Vorteilsannahme, geldwerter Vorteil, Blacklisting/Whitelisting, etc.

Die Reportings sind also nicht nur eine gute Erfolgskontrolle und Planungsbasis für künftige Veranstaltungen, sondern bieten eine wichtige abteilungsübergreifende Grundlage für die Arbeit von Controllern, den Einkauf und nicht zuletzt die Geschäftsführung.

Klare Vorgaben

Was im Geschäftsreise-Sektor längst selbstverständlich ist, hält inzwischen auch Einzug in der Veranstaltungsorganisation: Immer mehr Unternehmen geben klare Vorgaben für die Mitarbeiter mit Event-Verantwortung. Auf diese Weise werden die Voraussetzungen geschaffen, Prozesse zu vereinfachen, Einkaufsvolumen zu bündeln und Kosten zu senken. Bei der Einführung einer Veranstaltungsrichtlinie bietet ein Event Management System ideale Voraussetzungen: Sowohl gesetzliche Vorgaben als auch unternehmenseigene Leitlinien können automatisiert eingebunden werden wie etwa genehmigungspflichtige Prozesse, die Einhaltung des Pharmakodex, das Black- und Whitelisting von Personen, die unternehmenskonforme Umsetzung der Außendarstellung, die Einhaltung von Nachhaltigkeitsaspekten sowie die Steuerung bei der Auswahl von bevorzugten Dienstleistern.

Hybrid und mobil

Begriffe wie „hybride Meetings" und „mobile Event Apps" sind aus der modernen Veranstaltungsorganisation nicht mehr wegzudenken. Innovative Kommunikationstechnologien gehören in der Event-Branche inzwischen zum „guten Ton". So steht nicht mehr allein die persönliche Teilnahme an einer Veranstaltung im Fokus, sondern auch der Anspruch, dass so viele Personen wie möglich an den Event-Inhalten teilhaben können. Eine wichtige Komponente moderner Veranstaltungen ist somit die Einbindung von hybriden und mobilen Anwendungen, um die Social-Media-Komponente zu bedienen. Networking-Funktionen haben dabei einen besonderen Stellenwert, um sich vor, während und nach einem Event mit anderen Teilnehmern zu vernetzen und wichtige Inhalte der Veranstaltung auszutauschen.

Der mobile Zugriff auf aktuelle Informationen ist für Event-Teilnehmer nicht nur zur Kommunikation dienlich, sondern eine wichtige Voraussetzung zur Vereinfachung des eigenen Teilnahme-Managements. So können in Echtzeit relevante Event-Infos wie Hallenplan, Referenten- und Ausstellerlisten, Konferenzdaten und Terminpläne abgerufen und im Idealfall auch das Ticketing papierlos durchgeführt werden. Zusätzliche Services können seitens des Veranstalters eingebunden werden, sodass der Teilnehmer maximalen Nutzen aus seinem Eventbesuch ziehen kann.

Grüne Events

Der fortschreitende Klimawandel stellt die Veranstaltungsbranche vor zusätzliche Herausforderungen. Das Verlangen nach umweltfreundlicheren und nachhaltigen Veranstaltungen wird immer größer. Zur Realisierung energieeffizienter und klimafreundlicher Events und Tagungen bedarf es dabei weit mehr als lediglich papierloser Kommunikation beim Teilnehmer-Management. Erst vollständige Bilanzierung, Reduktion und Kompensation entstehender CO_2-Emissionen aller Mobilitätskomponenten tragen zu einem ökologisch nachhaltigen Event bei. Auch hierfür kann ein effizientes Event Management System die Lösung bieten: Im Rahmen des Teilnehmermanagements können Veranstaltungsplaner die genaue Höhe der CO_2-Emissionen der Anreise aller Teilnehmer berechnen. Im Registrierungsprozess ermittelt das selbsterklärende System durch Eingabe des Verkehrsmittels sowie von Start und Ziel den exakten CO_2-Wert der Mobilitätskomponente jedes einzelnen Event-Teilnehmers, einschließlich der Referenten und Lieferanten. Das System zeigt den Wert sofort an und gibt gegebenenfalls eine Alternative zu einer ökologisch vorteilhafteren Anreise an.

Auf Wunsch können die Teilnehmer oder das einladende Unternehmen zur Kompensation der Anreise-Emissionen entsprechende Klimaschutzprojekte auswählen und unterstützen. Teilnehmer und Veranstalter werden so für den Nachhaltigkeitsaspekt sensibilisiert und können gezielt ökologisch nachhaltigere Verkehrsmittel wählen. Zudem werden die Emissionen direkt mit der Teilnehmerliste ausgewertet und bieten die Basis zur vollständigen und exakten CO_2-Bilanzierung von Veranstaltungen. Die Möglichkeit zur Integration eines so umfassenden Systems in den Veranstaltungsabteilungen von Unternehmen sorgt für die zunehmend geforderte Transparenz im Nachhaltigkeitsreport.

Fazit

Wer heutzutage mit einer Veranstaltung die entsprechende Event-Zielgruppe nachhaltig beeindrucken und dabei gleichzeitig im Unternehmenssinne effizient vorgehen möchte, benötigt ein zentrales Event Management System. Dabei bietet ein modernes EMS die systematische Unterstützung aller Beteiligten, abgestimmte Prozesse zur Einkaufsbündelung und Kostenreduzierung, eine integrierte Systemlandschaft, die Einhaltung von Sicherheitsstandards, den Baustein für eine Veranstaltungsrichtlinie, die Einbindung von Social Media Anwendungen, die Berücksichtigung von Nachhaltigkeitskomponenten und letztendlich die Voraussetzung für die erfolgreiche Durchführung von Veranstaltungen.

Ein zentrales Eventmanagement System bietet...

- systematische Unterstützung aller Beteiligten
- abgestimmte Prozesse
- integrierte Systemlandschaft
- Einhaltung von Sicherheitsstandards
- Baustein für eine Veranstaltungsrichtlinie

... zur erfolgreichen Durchführung von Veranstaltungen

Erfolgsstory:
Einführung eines automatisierten Event Management Systems am Praxisbeispiel der EndoScience Endokrinologie Service GmbH

Die EndoScience Service GmbH ist eine Tochter der Deutschen Gesellschaft für Endokrinologie (DGE), die wissenschaftliche Fachgesellschaft und Interessenvertretung all derer, die im Bereich Endokrinologie forschen, lehren oder ärztlich tätig sind. Mit etwa 1.500 Mitgliedern ist die DGE eine der größten endokrinologischen Fachgesellschaften Europas und hat damit ein enormes Potential für Veranstaltungen, Kongresse, Seminare und Tagungen.

Jeder zukunftsorientierte Kongressorganisator, so auch die DGE-Servicetochter EndoScience, steht irgendwann vor der Frage, welche Online-Plattform für ein effizientes Event-Management am besten geeignet ist. Dabei sind die grundlegenden Anforderungen an ein solches System recht überschaubar und eindeutig.

Die EndoScience Endokrinologie Service GmbH hat im Jahr 2008 sechs Basis-Anforderungen für ein Event Management System formuliert:

1. Webbasierte Datenbank für Online-Teilnehmerregistrierungen
2. Kreditkartenschnittstelle
3. Variable Backend-Tools für eigene Änderungen
4. Einfache, intuitive Bedienbarkeit
5. Statistische Auswertungsmöglichkeiten
6. Direkte und übersichtliche Kommunikation mit den Teilnehmern

Bei einer Anbieter-Recherche hat EndoScience allerdings festgestellt, dass die Umsetzung eines solchen Systems entweder exorbitant teuer oder die laufende Betreuung und Handhabung für eine Agentur viel zu aufwendig ist. Hinzu kommt, dass der übliche Gegenwert, der derzeit von Veranstaltern für die Online-Teilnehmer-Registrierung gezahlt wird, in den meisten Fällen nicht die Kosten deckt, die bei der Einrichtung und beim Hosting derartiger Plattformen entstehen. So wird es für Event-Agenturen immer unrentabler, kleinere Veranstaltungen mit bis zu 500 Teilnehmern online zu registrieren. Gleichzeitig jedoch legen die Auftraggeber mehr Wert auf eine professionelle Teilnehmer-Registrierung und -Kommunikation.

Im Laufe der Recherchen für eine effiziente Lösung ist EndoScience schließlich auf das Event Management System von Up2date Solutions gestoßen. Seit vier Jahren arbeitet die Agentur nun mit dem auf die individuellen Bedürfnisse maßgeschneiderten System für alle Veranstaltungen in jeder Größenordnung. Die Redaktion hat bei EndoScience-Geschäftsführer Martin Then nachgefragt, was sich seit dem verändert hat.

Redaktion: Wie viele und welche Art von Events richten Sie aus?

Martin Then: Wir sind spezialisiert auf rein medizinische Kongresse zur Weiterbildung von Ärzten. Pro Jahr führen wir durchschnittlich rund 20 internationale Events durch. Das reicht von Experten-Workshops mit 30 bis 50 Teilnehmern über mehrtägige Intensiv-Kurse mit 200 bis 400 Besuchern bis hin zu Jahrestagungen von Fachgesellschaften mit 700 bis 1.300 Teilnehmern sowie alle paar Jahre europäische Kongresse mit 3.000 bis 5.000 Gästen.

Redaktion: Was hat sich im Arbeitsprozess geändert, seit Sie das Event Management System einsetzen?

Martin Then: Zuvor haben wir mühsam Excel-Listen gepflegt, was im rasanten Event-Alltag nicht nur viel zu zeitintensiv, sondern auch sehr fehleranfällig ist. Seit der Umstellung auf das System verzeichnen wir eine deutliche Arbeitserleichterung durch die automatisierten Prozesse insbesondere bei Groß-Events.

Mit der neuen, automatisierten Lösung sind wir jetzt in der Lage, im Backend innerhalb von nur wenigen Minuten selbst die Anmeldeplattform aufzusetzen, ohne dass aufwendiger Support oder Leistungen von Spezialisten notwendig sind. Das erspart nicht nur Zeit, sondern reduziert auch die Kosten. Hinzu kommt, dass im internationalen Event-Management eine Kreditkartenanschlussstelle ein absolutes Muss ist, was wir vor dem System-Einsatz nicht bieten konnten. Und natürlich kann das Anmeldeportal im Frontend jetzt auf das Design und auf die Vorgaben des Veranstalters individuell angepasst werden. Das variable System kann alle Anforderungen des jeweiligen Unternehmens erfüllen – so können wir persönliche Grußworte ebenso einfach integrieren wie individuelle Abfragemöglichkeiten.

Redaktion: Können Sie uns ein Beispiel nennen?

Martin Then: Da fallen mir auf Anhieb viele Beispiele ein, wie wir über das System individuelle Anforderungen erfüllen können: Der Veranstalter möchte zum Beispiel eine Auswertung haben, wie der Teilnehmer Kenntnis über die Veranstaltung erlangt hat, um im Nachgang die eigenen Werbeaktivitäten zu optimieren und zu konzentrieren. Oder es wird gefordert, eine individuelle Rechnungslegung für die Teilnehmer per Email direkt nach Anmeldung zu generieren. Wir können dann natürlich auch verschiedene Zahlsysteme anbieten wie Überweisung, Kreditkarte, Pay Pal und Lastschrift. Dabei ist die Einrichtung von unterschiedlichen Mehrwertsteuersätzen in die Rechnungslegung ebenso möglich wie die individuelle Erstellung von Rechnungsvorlagen. Der Export von individuellen Listen mit allen angelegten Parametern erfolgt in Form von bearbeitbaren Excel-Listen und PDF-Dokumenten. Wir können direkt aus dem System Serienbriefe erstellen. Eindrucksvoll ist, dass wir am Veranstaltungsort den Druck von Namensschildern direkt aus dem System heraus initiieren können. Wichtig für viele Veranstalter sind natürlich auch die statistischen Auswertungen im Nachgang des Events.

Redaktion: Welchen Aufwand bedeutet es, ein neues Event aufzusetzen?

Martin Then: Dadurch, dass alle Komponenten der Teilnehmerregistrierung direkt von den eigenen Mitarbeitern im System selbst eingerichtet werden können, verkürzt sich die Anlage einer Veranstaltung enorm. So sind wir in der Lage, innerhalb weniger Stunden eine komplette Veranstaltung neu einzurichten und mit dem entsprechenden Link freizuschalten. Eine Rückfrage bei den Softwarespezialisten ist nicht notwendig, denn mit einer Testanmeldung kann man das System leicht selbst überprüfen.

Redaktion: Sie haben das Modul zur Rechnungslegung angesprochen. Dies ist ja bei jeder Veranstaltung ein kritischer Bereich, denn gerader im medizinischen Umfeld sind ja viele Vorgaben zu berücksichtigen. Auf was muss man achten?

Martin Then: Natürlich müssen im Vorfeld alle Parameter feststehen. Wichtig sind zum Beispiel differenzierte Teilnehmergebühren. Hier kann man unterschiedliche Gebührensätze festlegen, z. B. Mitglied oder Nicht-Mitglied einer Gesellschaft, junger Mitarbeiter oder Assistenzkraft, Früh- und Spätmeldegebühren, Gebühren für einzelne Workshops innerhalb der Veranstaltung, Gebühren für Social Events und vieles mehr. Auch gebührenfreie Teile der Veranstaltung können eingerichtet werden zu reinen Abfragezwecken.

Eine wichtige Komponente ist auch die Höhe des Mehrwertsteuersatzes innerhalb der einzelnen Gebühren, z. B. kann die ideelle Gebühr für den wissenschaftlichen Teil der Veranstaltung ohne Mehrwertsteuer bei gemeinnützigen Gesellschaften sein. Hingegen müssen die Gebühren für das Rahmenprogramm mit 19% Mehrwertsteuer ausgewiesen werden. Schwieriger wird es bei der Registrierung von europäischen Kongressen. Hier unterliegen die Teilnehmergebühren immer dem Mehrwertsteuersatz am Kongressstandort, z. B. werden in Italien 21% Mehrwertsteuer fällig. Da man die Event-Einnahmen bei den Finanzbehörden im Land des Kongressstandortes anmelden muss, ist eine Ausweisung der jeweiligen landesüblichen Mehrwertsteuer in der Rechnungslegung absolut notwendig. Ein Export aller Rechnungen im Dateiformat muss dafür vorgenommen werden, was wir seit der System-Implementierung problemlos darstellen können.

Redaktion: Wie Sie beschrieben haben, nutzen Sie derzeit die Module für Online-Teilnehmerregistrierung, Rechnungslegung, Kreditkartenschnittstelle, Reports und statistische Auswertungen. Planen Sie weitere Ausbaustufen?

Martin Then: Ja! Wir arbeiten so effektiv mit dem Event Management Tool, dass wir das System regelmäßig den sich stetig verändernden Arbeitsbedingungen und auch den Anforderungen unserer Auftraggeber anpassen. Im nächsten Schritt steht die System-Erweiterung in punkto Abstract-Handling und Erweiterungen im Bereich Hotelkontingente, Zimmerbelegungen, Stornobedingungen und Ratenhinterlegung auf unserer Agenda.

Redaktion: Möchten Sie uns noch ein Schlusswort mit auf den Weg geben?

Martin Then: Zusammenfassend gesagt haben wir mit dem Event Management System die absolut richtige Entscheidung getroffen. Die Plattform von Up2date Solutions ist aufgrund ihrer Einfachheit in der Handhabung und nicht zuletzt aufgrund der geringen Einstands- und Folge-Kosten sowohl für kleinere Events als auch für große internationale Tagungen mit einer großen Teilnehmerzahl effizient einsetzbar. Das System hat uns im Vergleich zu unserer ehemaligen Arbeitsweise schon viel Zeit und Kosten, aber auch persönliche Energie gespart!

Über den Interview-Partner:

Martin Then ist seit 2007 Geschäftsführer der EndoScience Service GmbH und Geschäftsstellenleiter der Deutschen Gesellschaft für Endokrinologie. Nach seinem Studium der Elektrotechnik hat der Diplomingenieur zusätzlich Betriebswirtschaft für Ingenieure sowie Handelsenglisch studiert. Es folgte eine 12-jährige Offizierslaufbahn bei der Luftwaffe bevor sich Martin Then 1994 als Wirtschaftsberater selbständig machte. 1999 bis 2006 war er Geschäftsführer der DGP Service GmbH und Geschäftsstellenleiter der Deutschen Gesellschaft für Parodontologie bevor er zu EndoScience wechselte. EndoScience bietet Dienstleistungen für alle Beschäftigten in der Endokrinologie. Die Gesellschaft berät und unterstützt wissenschaftliche Fachgesellschaften und andere Gruppierungen, Kliniken und Institute, Veranstalter von Fortbildungen und Kongressen sowie die im Bereich der Endokrinologie forschende Industrie.

Schriftenreihe Messe-, Kongress- und Eventmanagement

In dieser Reihe veröffentlichte Titel:

Carmen Nörpel, Johann W. Wagner
Destination Branding durch Public Events
2013, 152 S., zahlr. Farbabbildungen,
€ 28,00 ISBN 978-3-89673-637-6

Das Buch beschreibt die Rahmenbedingungen dieser meist kommunalen Veranstaltungen und zeigt Möglichkeiten auf, Public Events zur Positionierung von Destinationen nutzbar zu machen. Im ersten Teil führt Carmen Nörpel anhand von theoretischen Grundlagen in das Thema Public Events als Instrument des Destination Branding ein. Im zweiten und praxisorientierten Teil verfolgt Johann W. Wagner das Thema am Beispiel der Tourismus-Region Lübeck-Travemünde weiter und beschreibt, wie sich die Public Events zum wichtigen Marketing-Instrument einer Kommune entwickelt haben.

Andreas Balzer
SPRUNG-STEINE
Stressmanagement
für Dauer-Lächler und Service-Asse

2012, 156 S., zahlr. Farbabbildungen
€ 19,80 ISBN 978-3-89673-622-2

In der Dienstleistungsbranche ist der Mensch wesentlicher Teil der Leistungserstellung. Das trifft im Besonderen für die Veranstaltungsbranche zu, wo Dauer-Lächler und Service-Asse die Fäden in der Hand halten und den Ton angeben. Dabei wissen alle, dass die Arbeit in diesem jungen Berufsfeld unangenehme Nebenwirkungen mit sich bringt, die von Anspannung und Überarbeitung bis hin zu Stress und Burnout reichen. Damit Eventmanager, Veranstaltungskaufleute und Angehörige der Veranstaltungswirtschaft davon nicht unvorbereitet überrascht werden, entwickelt der Autor ein auf seine spezielle Zielgruppe hin maßgeschneidertes Konzept. Er legt Sprung-Steine aus, bietet Start- und Landeplätze an, mit deren Hilfe Sie den Umgang mit herausfordernden Situationen lernen können. Dazu eine pfiffige Gebrauchsanleitung für die Umsetzung im Alltag.

Stefan Luppold (Hrsg.)
Erfolgsfaktor Kommunikation bei Messeauftritten
2013, 176 S., zahlr. Farbabbildungen,
€ 28,00 ISBN 978-3-89673-636-9

Experten aus den verschiedenen relevanten Bereichen – vom expliziten Messe-Management bis hin zu Social Media und Virtual Events – beschreiben in diesem Sammelband die Dimensionen der Kommunikation bei Messe-Auftritten und wie diese wirkungsvoll ausgebildet werden können. Von der Öffentlichkeits-Arbeit als Wirkungsverstärker bis hin zu multisensualen Erlebnissen, von vor- und nachgelagerten hybriden Komponenten bis hin zu Edutainment am Messestand – dieses Fachbuch gibt Anregungen und Hilfestellungen für alle, die Kommunikation bei Messe-Auftritten erfolgreich gestalten wollen.

Julia Behrens
Social Media im Destinationsmarketing
Monitoring • Planung • Umsetzung

2012, 126 S., zahlr. Farbabbildungen,
€ 28,00 ISBN 978-3-89673-618-5

Das Buch vermittelt die Thematik auf verständliche Weise und unterstreicht, wie wichtig die Nutzung von Social Media im Tourismus ist. Neben einer Einführung in die zur Verfügung stehenden Dienste und einem Blick auf das strategische Vorgehen bei der Planung stellen praxisorientierte Beispiele einen Bezug zu möglichen, aufkommenden Fragestellungen her und bieten Denkanstöße für die eigene Umsetzung. Von zentralem Interesse ist insbesondere die Bewertung der ergriffenen Maßnahmen hinsichtlich ihrer Effektivität und Effizienz. Wie kann das eigene Engagement in Social Media gemessen werden? Eine Antwort bietet die Autorin durch den theoretischen Einblick in das Kommunikations-Controlling und die Darstellung der Erweiterung bestehender Mechanismen zum Monitoring. Unter Berücksichtigung der besonderen Anforderungen touristischer Betriebe werden Handlungsspielräume umrissen sowie Lösungsmöglichkeiten aufgezeigt.

Jörn Raith

Dienstleistungs-Management in Veranstaltungszentren

Vom Raumvermieter zum Inhouse-PCO

2012, 176 S., mit zahlr. Farbabbildungen
€ 28,00 ISBN 978-3-89673-628-4

Jörn Raith plädiert für ein umfangreiches Dienstleistungs-Management und begründet dies mit entsprechenden Marktforschungs-Studien, aber auch, um die Finanzierung von Veranstaltungshäusern nachhaltig zu stärken. Der Autor, selbst seit 30 Jahren in der Veranstaltungsbranche aktiv, geht auf unterschiedliche Themen mit besonderer Bedeutung für die Kongress und Veranstaltungszentren ein. Begrifflichkeiten wie Umwegrentabilität, Deckungsbeitragsrechnung, Controlling, Kompetenz-Management und Dienstleistungs-Marketing werden dabei genauso behandelt wie die Bedeutung der unterschiedlichen Veranstaltungshäuser, die im Wettbewerb um den attraktiven MICE-Kunden stehen. Ein eigenes Kapitel hat der Autor den Rechtsfragen im Veranstaltungsmanagement eingeräumt, für das er degefest-Verbandsanwalt Martin Leber gewinnen konnte. Darüber hinaus haben bekannte Akteure im MICE-Markt Gastbeiträge zu wichtigen Themen verfasst.

Florian Bernard, Stefan Luppold

Mobile Marketing für Messen

Integrierte Kommunikation im Messemarketing der Aussteller

2010, 128 S., € 28,00 ISBN 978-3-89673-500-3

Noch immer sind Messen das bedeutendste Instrument innerhalb der Unternehmenskommunikation und nicht ersetzbar. Dennoch hinterfragen sowohl Aussteller als auch Besucher verstärkt die zeitlichen und monetären Aufwendungen für Messebesuche. Ein zwangsläufiger Bedeutungszuwachs für das Messemarketing ist die Folge! Innovative multimediale Dienste und die flächendeckende Verfügbarkeit von mobilen Geräten erweitern die Kommunikationskanäle generell. Das vorliegende Buch widmet sich diesen neuen Möglichkeiten und betrachtet sie mit dem Fokus auf die Messeaussteller.

Intelligente und anpassbare Instrumente werden benötigt, die sowohl in den Kommunikationsmix integrierbar sind als auch Messebesuchern einen Mehrwert bieten. Dieses Buch stellt solche Instrumente vor und erläutert sie anhand zahlreicher Methoden und Anwendungsbeispiele.

Frank Billet, Tobias W. Lienhard

Innovative Controllingkonzepte für Veranstaltungszentren

2011, 206 S., zahlr. Farbabbildungen,
€ 28,00 ISBN 978-3-89673-590-4

Veranstaltungszentren müssen nach betriebswirtschaftlichen Gesichtspunkten bewertet, geführt und permanent auf neue Marktanforderungen ausgerichtet werden. Ein flexibles und modulares Modell zum Aufbau innovativer Controllingsysteme, auf Grundlage eines Portfolios von Controllinginstrumenten, kann zu einem ganzheitlichen, auf die individuellen Fragestellungen des jeweiligen Veranstaltungszentrums zugeschnittenen, Konzept kombiniert werden. Die zielgerichtete und wirtschaftliche Ausgestaltung der Informationssysteme bildet dabei einen strategischen Erfolgsfaktor bei der Umsetzung.

Stefan Luppold (Hrsg.)

Event-Marketing: Trends und Entwicklungen

2011, 168 S., zahlr. Farbabbildungen,
€ 28,00 ISBN 978-3-89673-589-8

16 Experten aus Wirtschaft, Agentur und Forschung beschreiben in diesem Sammelband Trends und Entwicklungen, die uns heute und in der Zukunft beschäftigen werden. Globale Live-Kommunikation und kreative Verantwortung, Markeninszenierung im Raum und Storytelling: dieses Fachbuch gibt komprimiert und aus verschiedenen Perspektiven Einblicke in wichtige Themenfelder des Event-Marketing und dessen zukünftiger Ausgestaltung.

Carol Adam, Stefan Luppold

Event-Marketing

im Customer Relationship Management

2011, 102 S., mit zahlr. Farbabbildungen,
€ 28,00 ISBN 978-3-89673-501-0

Wie schaffe ich Kundenbindung? Der starke Wettbewerb und die zunehmende Austauschbarkeit von Produkten vermindern die Wirkung traditioneller Kundenbindungsmaßnahmen.

Dieses Buch zeigt den Nutzen und die Effizienz von Marketing-Events analytisch auf. Durch den gezielten Einsatz von Kundenveranstaltungen kann eine tiefe Verbundenheit geschaffen werden.